AF546326

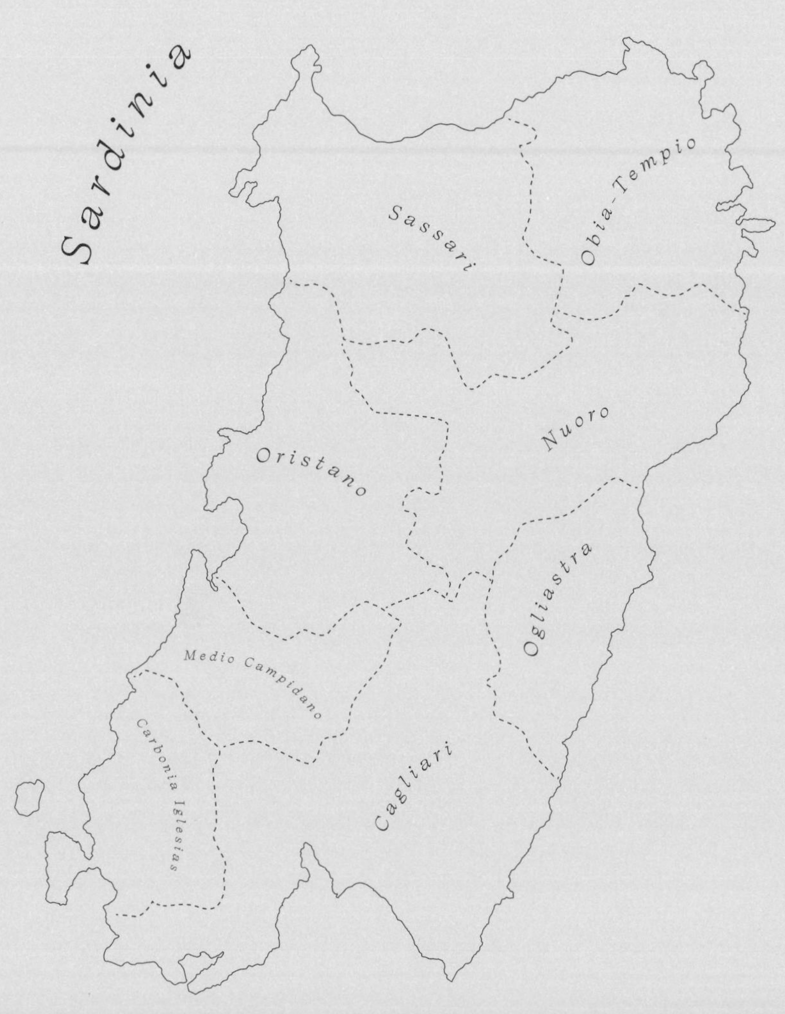
Sardinia
Sassari
Obia-Tempio
Nuoro
Oristano
Ogliastra
Medio Campidano
Carbonia Iglesias
Cagliari

»Sardinien ist ein verlorener Ort zwischen Europa und Afrika und nirgendwo zugehörig ...«

D.H. LAWRENCE

ISOLA SARDA

REZEPTE UND GESCHICHTEN AUS SARDINIEN

Fotos von

MATT RUSSELL

LETITIA CLARK

ars vivendi

Nachdem Gott die Erde schuf, warf er die Reststücke ins Mittelmeer. Er wählte die besten Teile seiner Schöpfung und setzte sie auf einen der Felsen. Diesen Felsen nannte er Sardinien.

SARDISCHE LEGENDE

Nachdem er seine Arbeit betrachtet hatte, erkannte Gott, dass er des Schönen zu viel geschaffen hatte. Es bestand ein Ungleichgewicht zwischen der Schönheit Sardiniens und den übrigen Regionen um die Insel herum. Gott überlegte lange, wie er dieses Ungleichgewicht beheben könnte. Und dann hatte er eine Eingebung. Er schuf die Sarden.

SARDISCHER WITZ

VORWORT

Als ich begann, dieses Buch zu schreiben, hatte ich keine Ahnung, was ich eigentlich machte. Ich war nervös, über eine Kultur und eine Küche zu schreiben, die nicht die meine war. Nachdem ich mir insgeheim Sorgen gemacht hatte, sprach ich mit meinem Freund Luca:

»Ich weiß gar nicht, worüber du dir Sorgen machst, Letiiizzzia«, schnurrte er in seinem schleppenden sardischen Tonfall. »Ich liebe das sardische Essen und ich möchte, dass die Leute es kennenlernen. Und überhaupt«, fügte er grinsend hinzu, »ich habe schon allen erzählt, dass du dieses Buch schreibst. Und alle wollen dich kennenlernen und dir helfen, dich mit Rezepten unterstützen; sie wollen dir alles zeigen und dir Geschichten erzählen, und du stehst hier und stöhnst. Also, Letiiiiizzzia, hier geht es doch nicht nur um dich.«

In seiner typischen offenen Art erinnerte er mich an das Potenzial dieses Buches und an die Macht der Kochbücher im Allgemeinen. Sie sind mehr als nur Bücher mit Kochrezepten. Sie sind Chroniken von Traditionen, Geschichten und Erinnerungen. Sie gewähren uns einen Einblick in das Leben von Menschen, in ihre Gewohnheiten und ihre Geschichten. Essen ist nie nur Essen. Es ist eine Erinnerung, ein Moment, der in einem Bissen wieder zum Leben erwacht. Es ist Freundschaft, es ist Liebe, es ist ein Fest. In unserer modernen Welt des Essens mag man das leicht aus den Augen verlieren. Nicht aber auf Sardinien.

Ich bin keine Sardin. Dieses Buch möchte auch kein umfassendes Kompendium zur echten sardischen Küche sein. Authentizität ist ein schwieriges Terrain, wie jeder weiß, der über Essen (vor allem über das italienische) schreibt. Jeder Koch auf Sardinien kocht auf seine Weise und glaubt, dass diese die einzig richtige sei. Der Stolz der Sarden (und Italiener) auf ihre regionale Küche macht sie erst attraktiv, doch das Streben nach »Authentizität« beim Schreiben von Rezepten ist oft ein aussichtsloses Unterfangen. Rezepte, genau wie jede Geschichte und jede Erinnerung, sind ein Potpourri von Einflüssen, Folgen, Notwendigkeiten und Innovationen. Daran musste ich kürzlich denken, als Franca – Lucas Mutter – ein Rezept für »eine traditionelle sardische Suppe« beschrieb, die tatsächlich, ohne jeden Zweifel, eine französische Zwiebelsuppe war.

Als ich nach Sardinien kam, begriff ich viele Dinge: über mich, über das Essen, über das Kochen. Es hört sich abgedroschen an zu sagen, ich hätte mich selbst gefunden – was nicht der Fall ist –, aber tatsächlich fand ich mein Essen und das ist schon mal ein guter Anfang. Bevor ich herkam, hatte ich als Köchin gearbeitet (obwohl ich kein echter Profi war) und hatte ein ziemliches Zigeunerleben geführt. Ich war von einem Ort und von einer Stelle zur nächsten gezogen. Ich hatte »moderne britische Küche« in einem trendigen Bistro in Hackney gekocht, hatte in einem levantinischen Restaurant gearbeitet und so viele Lammkoteletts gegrillt, dass es bis zu meinem Lebensende reichen sollte. Ich hatte an einer renommierten Kochschule mit französischer Ausrichtung mein Diplom gemacht. Ich reiste, probierte und verkostete unaufhörlich und genoss jedes neue Rezept, jede neue Küche.

Ich merkte, dass ich mich nach all diesen Erfahrungen am meisten nach Einfachheit sehnte. Ich war müde von den Trends, den Techniken oder von in Dreiecke geschnittenen Steckrüben. Ich wollte gute, einfache Speisen kochen und essen. Ich wollte Essen, das nicht nur von Natur aus gut schmeckte, sondern das sich selbst nicht allzu ernst nahm.

Letztendlich, so erkannte ich, wollte ich gute Hausmannskost kochen und nicht für das Restaurant. Essen, das nichts in Frage stellte oder Grenzen überschreiten wollte. Ich wollte eine Küche finden, die in sich selbst verwurzelt war, deren Fundament nicht durch irgendeine Mode oder Laune ins Wanken gebracht oder deren Einfachheit unterwandert wurde. Ich wollte Wahrhaftigkeit, ich wollte Käse, ich wollte Wein – »im Haus gemacht« wie Luca zu sagen pflegte –, serviert aus Plastikkanistern und Olivenöl in alten Colaflaschen, das grün schimmerte und reichlich floss. Ich wollte Gemüse, das auch danach schmeckte und nicht in Würfel, Streifen oder andere Formen geschnitten werden musste. Ich suchte die raue Seele des Kochens. Ich wollte Nonna in Hausschuhen, die mich anschrie, ich solle gefälligst meine eigenen Semmelbrösel reiben (ich kaufe sie, wenn sie es nicht sieht). Ich wollte zurück in ein Zuhause, zu einer Spüle, zu einem Herd, wo alles seinen Anfang nahm.

Die Herrlichkeit der italienischen Küche und der Grund, warum sie nach wie vor so beliebt ist, liegt darin, dass sie im Grunde Hausmannskost ist. Genau wie mamma sie zubereitete. Natürlich ist es ein häufig zitiertes Klischee, aber trotzdem ist es wahr. Es ist interessant, dass das Wort *casalinga* (was wörtlich übersetzt »Hausfrau« bedeutet) oft benutzt wird, um rustikale, hausgemachte Gerichte zu beschreiben; Rezepte, die von allen gern gegessen werden und über viele Generationen hinweg von der Mutter an die Tochter (oder den Sohn) weitergegeben wurden. Marcella Hazan, die Mutter der italienischen Küche, drückt das viel besser aus als ich:

> *»(Italienische Küche) ist Kochen für die heimische Küche .... Es gibt keine italienische* haute cuisine, *denn es gibt in der italienischen Küche keine unteren und oberen Strömungen. Alle Wege führen nach Hause, zur* cucina di casa, *die einzige Küche, die sich italienische Küche nennen darf.«*

Die italienische Küche wird weltweit bewundert, denn sie bedeutet Heimatessen, und daher schlussendlich »Essen für die Seele«. Seelennahrung umfasst Gerichte, die ein Gefühl von Heimat vermitteln oder daran erinnern. Es ist egal, wo man gerade ist oder in wessen Heim, aber es löst in einem dieses warme, wohlige Gefühl aus, das einem zeigt: Hier bin ich geborgen, hier esse ich etwas Gutes und nichts ist verloren.

Was also zeichnet die sardische Küche aus oder womit lässt sie sich vergleichen? Sie ist ein Extrakt der italienischen Küche: einfacher, rustikaler und wilder. Traditionen und die Bedeutung guten Essens sind auf dieser vergessenen Insel viel stärker ausgeprägt. Viele ihrer altertümlichen Köstlichkeiten sind erhalten geblieben, viele ihrer Produkte werden zu Hause angebaut und zubereitet.

Sardinien ist meine Heimat geworden und gleich, als ich herzog, wurde ich daran erinnert, dass es bei gutem Essen nicht darum geht, zum Sklaven der Authentizität zu werden. Es geht auch nicht um irgendwelche Verkomplizierungen, Techniken oder Trends, sondern ums Teilen, um die Menschen und vor allem um die Freude (und – das werden Sie noch merken – ganz viel um Käse!). Die Sarden, die ich traf, luden mich in ihre Häuser ein. Sie schenkten mir ihre Zeit, ihr Wissen, ihre Speisen und ihre Rezepte; ihr einziges Motiv war ihre unermessliche Liebe zum Leben, zu ihrem Land und zu ihrer Küche.

Ich hoffe, dass dieses Buch etwas von dieser Liebe auch in Ihr Zuhause bringen wird.

Buon Appetito!

Ich wuchs auf einem Bauernhof in Devon auf. Dort gab es eine Obstwiese mit alten Apfelbäumen. Im Herbst pflückten wir die Äpfel, die mein Vater zu starkem Cider verarbeitete oder die wir zu goldfarbenem Gelee verkochten. Ich lernte damals etwas, an das ich heute noch glaube: Die besten Dinge im Leben sind meist die einfachsten – ein frisch gepflückter Apfel vom Baum, Brot und Butter, die Béchamelsauce meiner Mutter. Das ist das Essen, das uns Zeit unseres Lebens begleitet.

Als ich nach Sardinien kam, hatte ich die Jahre davor in Profiküchen gekocht. Damals hatte ich gekocht, um zu leben, aber ich hatte nicht gelebt, um zu kochen. Kochen war zu etwas geworden, das ich nicht mehr aus Liebe tat.

Und dann, ganz plötzlich, trat ein kleiner, runder Sarde in mein Leben. Wir arbeiteten zusammen, er an der Fritteuse, ich am Grill. Er fütterte mich mit knusprig Frittiertem, wenn es keiner sah. Bei unserer ersten Verabredung lud er mich nach Hause zum Essen ein, reichte mir ein Glas Wein und ein Paar Hausschuhe und kochte dann *pasta al ragù*. Er schlurfte mit seinen eigenen *ciabatte* in der Küche umher und erzählte mir das unvermeidliche italienische Melodrama über den Ort, den er Heimat nannte, ein Teil Italiens, doch gleichzeitig eine eigene Welt – Sardinien. Er beschrieb eine Insel mit köstlichen einfachen Speisen, mit Produkten im Überfluss und einer unberührten Landschaft, wo die Menschen ewig lebten und vergaßen zu sterben. Eine Insel von »Ziegen und Gangstern!« – Mein Vater tobte, als ich ankündigte, dorthin zu ziehen. Ich war fasziniert.

Ich reiste mit Luca zum ersten Mal im Februar 2017 nach Sardinien, zum Sa Sartiglia, dem berühmten Karnevalsfest von Oristano – eine Woche mittelalterliche Pferderennen, Trinken und Essen. Im Haushalt der Familie Vacca herrschte ein ständiges Kommen und Gehen von Freunden, Familie und vorbeigehenden Fremden. Die Tür stand offen und jeder konnte hereinkommen. Der Gast wurde von einem reich gedeckten Tisch mit Spanferkel, Lammbraten, Hähnchen-Ragout (vom Hof der Familie), Ravioli, Brot, Oliven, Wein, Obst und *dolci* willkommen geheißen. Es war ständig laut: Aus dem Fernseher dröhnte die Live-Übertragung des Rennens (auch wenn es nur 100 Meter entfernt stattfand); es gab viel zu viele Speisen, die unmöglich alle gegessen werden konnten, und die Aufregung war spürbar. Ich trank und aß den ganzen Tag, und zwar an jedem Tag der Woche. Die gesamte Stadt schien an diesen Tagen vorbeizukommen. Ich wurde zahllosen winzigen, freudestrahlenden Menschen vorgestellt (die Sarden sind bekanntermaßen recht klein und ich bin sehr groß). Ich küsste mehr sardische Wangen und spürte mehr sardische Schnurrbärte als ich mich je würde erinnern können. In der Zwischenzeit sorgte Franca, Lucas nicht zu bändigende Mutter, dafür, dass der Tisch stets unter den Speisen ächzte. Mir war es ein Rätsel, wie sie das machte. Und dann merkte ich, dass das Besteck aus Plastik war, Servietten und Tischtuch aus Papier. Am Ende jedes Festtages fegte sie mit ihren Armen alles zusammen und packte es in die Mülltonne, um dann den Tisch für den Überfluss des nächsten Tages zu decken. Ganz nach Art der Sarden: minimaler Stress, maximales Vergnügen.

Als der Karneval vorbei war, kehrten Luca und ich zurück zu unserer Arbeit. Einige Monate später, als wir mit Schrecken erlebten wie der Brexit sich anbahnte, trafen wir eine Entscheidung, packten unsere Sachen und reisten nach Sardinien.

Als ich mit der Recherche für dieses Buch begann, erkannte ich, dass ich genug Material hatte, um mindestens fünfzig Bücher zu schreiben. Hunderte von Rezepten, Traditionen und Geschichten von einer vergessenen Insel im Mittelmeer.

A TAVOLA!

Um wie ein Sarde zu kochen, müssen Sie wie ein Sarde essen. Für die Mahlzeiten nimmt man sich hier Zeit. Geschäfte und Büros schließen von 12 bis 16 Uhr. Die Leute gehen nach Hause, um dort mit ihren Familien zu Mittag zu essen. Unter der Woche kann so ein Mittagessen schon mal vier Stunden dauern und danach schließt sich oft die *pennichella* (kleines Nickerchen) an. Am Wochenende oder zu bestimmten Anlässen geht das Mittagessen bis in die frühen Morgenstunden des folgenden Tages.

Es gibt keine eingepackten Butterbrote oder den »Lunch to go«; Mahlzeiten auszulassen gilt hier als Sakrileg. Die Familie isst immer gemeinsam. Ob es dabei laut oder leise zugeht, spielt keine Rolle. Da sind Sarden Stoiker. Essen ist mehr als bloße Nahrungsaufnahme, es ist so essenziell wie Liebe, wie Sex – und genauso vergnüglich.

POVERI MA BELLI

»Armut, mehr noch als Wohlstand, gibt den guten Dingen im Leben ihre Bedeutung.« — PATIENCE GRAY

Lucas nonna Giulia wuchs in großer Armut auf. Ihr Vater, ein Feldarbeiter, war den Großteil seines Lebens krank und ihre Mutter musste die Familie durchbringen, indem sie *dolci* in der Stadt verkaufte. Nonna half ihrer Mutter und manchmal auch ihrem Vater auf dem Feld, was einen halben Tag Fußweg hin und zurück bedeutete. Sie liebt es, mir das zu erzählen, doch wie alle anderen Geschichten, so endet auch diese mit der Beschreibung ihrer Familie als *»poveri, ma belli!«*: arm, aber schön!

Italiens lange Geschichte als bäuerliche Gesellschaft führte dazu, dass deren Küche oft als *cucina povera* (arme Küche) bezeichnet wird. Die sardische Küche bleibt diesem Grundsatz treu und folgt uralten Werten, um aus den zur Verfügung stehenden Zutaten das Beste zu machen, saisonal zu essen, Reste zu verwerten, einfache und günstige Lebensmittel wie Bohnen und Hülsenfrüchte zu verwenden und möglichst viel selbst anzubauen.

Für uns in England sieht es oft so aus als sei eine Küche, bei der sich alles um Spanferkel, Räucherschinken, Salami, frischen Fisch, Olivenöl und Pecorino dreht, alles andere als arm. Doch gerade weil diese teuren Zutaten nur selten verwendet werden, gewinnen die »armen« Gerichte an Wert, so wie das einfache Linsengericht mit kräftigem Olivenöl oder der Teller Nudeln, mit Pecorino vermischt. Die Grundlebensmittel sind einfach, billig und überall erhältlich, sodass die Gerichte perfekt am eigenen Herd zubereitet werden können, und das auch noch recht günstig. Luxusprodukte wie Fleisch oder Fisch werden nicht häufig gegessen und deshalb gibt man dann auch etwas mehr Geld aus. Viele Sarden ziehen noch immer ihre eigenen Tiere groß und füttern sie mit Resten, sodass das Fleisch nicht einmal etwas kostet.

Der fruchtbare Boden der Insel produziert einen Überfluss an Früchten und Gemüse, auf den die Sarden sehr stolz sind. Man findet hier wenig, was nicht »das Beste in der Welt!« ist, wie Luca zu sagen pflegt. Eingekauft wird jeden Tag, meist auf dem Markt. Saisonal und regional zu essen, ist der einzige Lebensstil. Nichts wird verschwendet oder als selbstverständlich angesehen und Kochen ist völlig unprätentiös.

Als ich die Insel näher kennenlernte, wurde mir klar, dass es zwei verschiedene Sardinien gibt: die Küste und das Landesinnere. Die Küste ist beeindruckend schön, berühmt für ihre weißen Strände und das türkisblaue Meer. Genau dafür ist Sardinien bekannt, ganz besonders für seine Nordküste, die *Costa Smeralda* (Smaragdküste). Das beliebte Ferienziel, ursprünglich von Aga Khan VI. in den 1960er-Jahren gebaut und populär gemacht, gilt heute als Tummelplatz der Reichen und Schönen; eine Welt der Superjachten und Oligarchen. Im erschreckenden Gegensatz dazu der Rest der Insel. Dieser ist überwiegend bäuerlich geprägt und unberührt. Hier hat die Landschaft fast etwas Biblisches: weite Ebenen mit Schafweiden, ausladende grüne Täler mit Olivenbäumen und Weinstöcken, hier und da Ruinen aus der Zeit der Nuraghen und Dörfer auf den Hügeln. Sie können hier stundenlang umherfahren und das Einzige, was Sie sehen werden, sind schmächtige Schafe mit bis auf den Boden hängenden langen Ohren und klingenden Glöckchen, die grasend von einsamen Schäferhunden bewacht werden. Das Essen scheint sich in den letzten 2000 Jahren nicht sehr verändert zu haben; es ist die einfache, deftige Küche der Schäfer.

Sardinien ist die zweitgrößte Insel im Mittelmeer, genau in der Mitte zwischen Italien, Spanien und Nordafrika. Obwohl die Insel Ende des 19. Jahrhundes unter Garibaldis Einigung zu Italien kam, blieb Sardinien doch immer eine Welt für sich. Die Geschichte der Insel prägt ein Wechselspiel von Invasion und Kolonisation – unter anderem durch Römer, Spanier und Phönizier. Während verschiedene Siedler an der Küste ihre Spuren hinterließen, ist das Landesinnere nahezu unverändert geblieben. Als Insel hat sich Sardinien größtenteils seine ursprüngliche Identität bewahrt (auf die die Sarden sehr stolz sind), es hat seine Traditionen – und seine Küche – unverändert erhalten. So haben über die Jahrhunderte hinweg Zutaten und Techniken ihren Weg in die Küche gefunden: Gewürze der Phönizier, Wein und Öl der Römer, ein Sherry-ähnlicher Wein (Vernaccia) der Spanier. Doch trotz allem ist es den Sarden gelungen, ihre starke unabhängige kulinarische Identität zu bewahren.

Die Sarden haben ihre eigene Sprache (*Sardo*), die als eine heute noch gesprochene Sprache dem Lateinischen am nächsten ist und sie machen die Dinge auf ihre Art. Sie klammern sich beharrlich an diese Traditionen, was ich einerseits bewundere und was mich andererseits auch irritiert.

Mir erzählte einmal ein Sarde, dass der einzige Grund, warum die Mafia trotz mehrfacher Versuche niemals auf der Insel Fuß fasste, war, dass es die Sarden nicht interessierte, an irgendeiner Gruppenaktivität teilzunehmen. Organisationen jeglicher Couleur werden mit Skepsis betrachtet und Regeln werden häufig unverhohlen verletzt.

Die Sarden mögen zwar als äußerst kriegerisch, stur und stolz gelten, aber vor allem sind sie liebenswert und großzügig. Sie gestehen sich Fehler ein, sie lachen gern über sich selbst und über alles. Mitten im Gespräch stimmen sie oftmals ein patriotisches Lied an oder stellen mit komischer Feierlichkeit fest: »Ja, ja, aber Sardinien ist ein *Paradies*«, wenn die Sprache auf andere Orte kommt. Es gibt sogar die Theorie (verbreitet von einem sardischen Archäologen), dass es sich bei Sardinien um das untergegangene Atlantis handele.

Atlantis oder nicht, ich kann nicht abstreiten, dass diese Insel ihren ganz eigenen Charme hat. Es ist ein prosaischer wie magischer Ort, der einen fesselt. Wie schreibt Claudia Roden:

> *»Ich weiß nicht, ob es daran liegt, dass die Sarden so unglaublich großzügig und gastfreundlich sind und dass ihr Land so wunderschön ist, oder ob es ihr Essen ist, das an das einfache Leben oder an vergangene Zeiten erinnert, oder weil das Essen einfach so gut ist, doch es löst ein starkes Gefühl in einem aus, das man niemals vergisst.«*

Noch immer ist die Insel von ihren Regionen geprägt und die Region, die ich für mich entdeckte, war Oristano, im mittleren Westen der Insel. Als eine der großen mittelalterlichen Städte Sardiniens ist Oristano heute eine ganz normale Stadt. Es ist die Stadt der abblätternden Farbe, der Gassen mit Kopfsteinpflaster und der mit Bougainvillea berankten Balkone. Mittags ist die Piazza voller Männer, die ihren *aperitivo* trinken; die kahlen gebräunten Köpfe schimmern in der Mittagssonne, jeder so glänzend wie eine polierte Nuss.

Lucas Familie lebt hier seit Generationen. Sein Urgroßvater baute in den nahegelegenen Feldern Safran an, sein Großvater produzierte *gelato* in seiner Küche, färbte es mit grüner Farbe ein und verkaufte es auf den Straßen Oristanos als bestes »Pistazieneis«. Lucas Vater und sein Bruder bauen noch immer auf dem Land unweit von Oristano Reis an. Die Liebe zum Essen fließt in den Adern der Familie Vacca.

Das Leben hier ist langsam.

Die Sarden machen Dinge auf ihre Art. Inselzeit, so heißt es manchmal. Es kann einen rasend machen. Es gibt kaum ein Gespür für jedwede Dringlichkeit. Sarden haben *immer* Zeit zum Essen, Trinken und Reden. Routinemäßige Besorgungen dauern oft den ganzen Tag, weil man unterwegs Freunde trifft und schließlich mit einem *aperitivo* in der Nachmittagssonne sitzen bleibt.

Beim Kochen spiegelt sich dieses Leben wider. Kochen ist eine langsame und entspannte Angelegenheit. Fleisch wird fast immer lange über einem offenen Feuer gegart, häufig auf einem rustikalen Spieß, dessen Quietschen und Ächzen bei vielen sardischen Mittagessen die gewohnte Begleitmusik darstellt. Der Käse braucht Zeit für Zubereitung und Reife, hergestellt mit uralten Methoden und Werkzeugen. Bohnen, Hülsenfrüchte und das meiste Gemüse werden langsam gegart, um Süße und Geschmack zu verstärken. Pasta darf gern *al dente* sein, Gemüse aber nie. Meist wird es langsam zu einem schmackhaften Mus eingekocht. Ich bin ein sehr ungeduldiger Mensch und eine noch ungeduldigere Köchin, doch ich habe von den Sarden gelernt, es ruhiger angehen zu lassen. Hier habe ich gelernt, zu genießen (meistens jedenfalls). Geduld ist eine Tugend; eine, die sich lohnt.

ESSEN WIE EIN SARDE

Die sardische Obsession für Essen ist niemals selbstbesessen, ungesund oder masochistisch. Es gibt keine Diätkultur, keine Trends oder Moden. Weder Paleo, noch Proteinpulver oder Saftdiäten. Die Menschen auf Sardinien gehören nach Japan zu den am längsten lebenden der Welt. Sie sind leidenschaftlich stolz auf diese Tatsache und schreiben ihr langes Leben, ihre entspannte Lebensweise und ihre engen Familienbande ihrer Ernährung zu. Ich vermute eher, es liegt auch daran, wie viel sie schlafen (sehr viel): eine sardische Ruhepause ist heilig.

Nahrung – echte Nahrung – kommt nicht von Grünkohl-Smoothies, sondern von einem ausgeglichenen, glücklichen Leben und einer ausgewogenen, abwechslungsreichen Ernährung.

In Elizabeth Davids Einleitung zu *Italian Food* spricht sie von dem Irrglauben der Briten, italienisches Essen »mache dick« und »sei schlecht für sie«. Seitdem hat sich nicht viel an dieser Annahme verändert. Viele von uns verzichten auf Kohlenhydrate (vor allem auf Brot und Nudeln), da wir glauben, sie machten dick.

Tatsächlich enthalten Nudeln viel Protein (in Form von Gluten) und Stärke, ein komplexes Kohlenhydrat. Ein Teil der Stärke in Nudeln ist resistente Stärke, die im Dünndarm nicht verarbeitet, sondern im Dickdarm fermentiert und in eine Art Ballaststoff umgewandelt wird. Wenn im Zusammenhang mit Nudeln das Wort »Kohlenhydrate« durch »Ballaststoffe« ersetzt werden würde – dann wäre plötzlich alles anders. Nudeln versorgen den Körper mit Eiweiß, Ballaststoffen und Energie.

Jeder *Körper* ist anders und niemand, weder Ernährungswissenschaftler oder sonst wer, kann Ihnen sagen, wodurch Sie sich gut oder gesund fühlen. Allerdings ist das Thema »Gesundheit« derart mit widersprüchlichen und verwirrenden Empfehlungen, Überzeugungen, emotionaler Erpressung und gefälschten Statistiken besetzt, dass ich, statt zu predigen, Sie lieber ermutigen möchte, das zu essen, was Sie glücklich macht, und Dinge wie Nudeln oder Brot mit reinem Gewissen zu essen. Jeder Sarde wird Ihnen sagen, dass das Leben zum Leben da sei und Essen zum Essen.

EIN HINWEIS ZU DEN ZUTATEN

Der Kern der sardischen Küche ist Einfachheit. Diese kann gnadenlos sein.

Ich war immer völlig frustriert von all den Kochbüchern, die von wunderbaren Produkten schwärmten (ich war jedes Mal verzweifelt, weil ich diese nirgends finden konnte), doch die Wahrheit ist: Es *ist* möglich, gutes Essen mit durchschnittlichen Zutaten zuzubereiten, solange Sie ausreichend Gewürze zur Verfügung haben, doch die Einfachheit der sardischen Küche lässt solche Täuschungen nicht zu.

Einmal abgesehen davon, dass nur die besten Rohstoffe Verwendung finden, so ist es für jede italienische Küche, auch für die sardische, ganz wesentlich, nur das allerbeste Olivenöl zu verwenden. Die anderen Zutaten sind häufig billig – Hülsenfrüchte, Nudeln, Getreide oder Gemüse –, sodass Sie guten Gewissens für diese wichtige Zutat etwas mehr Geld ausgeben können. Olivenöl bildet die Grundlage der italienischen Küche und daran sollte auf keinen Fall gespart werden.

·SPREAFICO·

EINS

APERITIVO

Frittierte Salbeiblätter in Bierteig • Gegrillte Auberginen, Sapa, Ricotta Salata und Minze • Gebackener Pecorino, Walnüsse und Honig • *Karamellisierter Meeresschaum* • Notenpapierbrot, Bottarga und Olivenöl • Bottarga-Pastete

APERITIVO

In Oristano treffen sich zur »goldenen Stunde«, wenn die Arbeit hinter ihnen liegt und die Sonne untergeht, die Menschen in den Bars der Stadt, um einen *aperitivo* zu trinken. Das scharlachrote Schimmern des Campari wetteifert mit der Glut der untergehenden Sonne. Es ist die beste Zeit des Tages und den meisten Sarden heilig.

Aperitivo ist nicht nur ein Getränk, es ist etwas, das man tut und zugleich erlebt, und das Beste am Leben in Italien. *»Prendiamo un aperitivo?«* ist vielleicht vergleichbar mit dem Englischen »Let's have a pint?«, doch dann auch wieder unendlich glamouröser – auch wenn ich immer noch gern ein Pint trinke. Das Wort leitet sich vom lateinischen Verb *aperire* ab, was so viel wie »öffnen« bedeutet. Ein traditioneller Aperitivo ist ein Bittergetränk, zu dem salzige Snacks gereicht werden, und welches den Appetit für das nachfolgende Essen »öffnen« soll.

Die folgenden Gerichte können zu dieser Stunde serviert werden, schmecken aber auch als Vorspeise.

FRITTIERTE SALBEIBLÄTTER IN BIERTEIG

Foglie di Salvia in Pastella alla Birra

Dies ist wohl einer der einfachsten und befriedigendsten Snacks. Er ist so einfach, dass ich mich fragte, ob ich ihn überhaupt mit aufnehmen sollte. Aber er darf nicht fehlen, als Beweis, dass das Einfache oftmals das Beste ist.

FÜR 6 PERSONEN

30 g (oder mehr) Salbeiblätter
400 ml mildes Oliven-, Traubenkern- oder Sonnenblumenöl zum Frittieren

Für den Teig

80 g Weizenmehl
110 ml eiskaltes helles Bier oder Lager
Meersalz

Die schönsten, gleichmäßigsten und pfeilförmigsten Salbeiblätter mitsamt Stängel (zum Festhalten) auswählen. In kaltem Wasser gründlich abspülen und vorsichtig trocken tupfen.

In einer großen Schüssel eine Mulde in das Mehl drücken und langsam das Bier hineinquirlen. Zu einem glatten Teig verrühren, aber nicht zu fest schlagen, sonst werden die feinen Bläschen herausgedrückt. Mit einer kräftigen Prise Salz würzen und alles gut verrühren.

Das Öl in einem hohen Topf oder in der Fritteuse auf 180 °C erhitzen.

Jedes Blatt in den Teig tauchen und einmal darin herumwirbeln, damit es gleichmäßig überzogen ist. In das Öl tauchen und goldgelb frittieren, dabei einmal wenden, damit die Blätter rundum Farbe bekommen. Mit einem Schaumlöffel herausheben und das überschüssige Öl auf Küchenpapier abtropfen lassen. Sofort servieren und möglichst ein gekühltes Bier dazu reichen.

GEGRILLTE AUBERGINEN, SAPA, RICOTTA SALATA UND MINZE

Melanzane Grigliate, Sapa, Ricotta Salata e Menta

Hier habe ich ein Gericht ein wenig abgeändert, das Luca und ich im *Morito* zubereiteten. Es bestand aus frittierten Auberginen, verrührtem Feta und Dattelmelasse und war jedes Mal ausverkauft. Kein Wunder, denn dieses Gericht vereint Salziges, Fettiges, Samtiges und Süßes zugleich.

Wenn Sie keinen Ricotta Salata bekommen, dann ist Fetakäse eine gute Alternative. Das gilt auch für den Sapa (ein italienischer Likör aus Weinmost), der sich leicht durch Dattelmelasse ersetzen lässt. Wichtig ist, dass dem Süßen und Sirupartigen etwas Salziges gegenübersteht.

Das Dressing ist so gut, dass Sie es einfach zu allem servieren wollen. Es schmeckt köstlich zu gegrilltem Radicchio oder Endivie (wunderbar in Kombination mit dem Bitteren) oder zu gegrilltem Lamm mit Gemüse.

FÜR 4–6 PERSONEN ALS ANTIPASTI ODER BEILAGE

- 80 g Pinienkerne
- 3 große Auberginen, in ½ cm dicke Scheiben geschnitten
- 1 Handvoll Minze, grob gehackt
- 80 g Ricotta Salata, in Stücke geschnitten

Für das Dressing

- 1 EL dunkler Balsamico-Essig
- 1 EL Sapa oder Dattelmelasse
- 1 Knoblauchzehe, geschält und klein geschnitten
- abgeriebene Schale von ½ Bio-Zitrone
- 2 EL frisch gepresster Zitronensaft
- 5 EL Olivenöl in bester Qualität
- 1 Prise Chiliflocken

Den Backofen auf 170 °C vorheizen.

Die Pinienkerne auf einem Backblech verteilen und einige Minuten im vorgeheizten Backofen rösten.

In einer Grillpfanne die Auberginen bei mittlerer Hitze portionsweise weich braten. Darauf achten, dass sie von beiden Seiten schön bräunen. Beiseitestellen.

Für das Dressing alle Zutaten gut verquirlen.

Zum Anrichten die Auberginenscheiben auf einem Servierteller garnieren und Pinienkerne, Minze und Ricotta darüber verteilen. Mit dem Dressing beträufeln. Das Gericht schmeckt bei Zimmertemperatur, warm oder kalt – es ist einfach immer köstlich.

GEBACKENER PECORINO MIT WALNÜSSEN UND HONIG

Pecorino Arrosto con Miele e Noci

Die Sarden lieben es, Käse zu rösten, zu frittieren, zu schmelzen, zu schmecken, zu essen und darüber zu reden. Käse ist keine Zutat, er ist eine Lebenseinstellung.

Ich konnte nicht glauben, dass es mir nie in den Sinn gekommen war, Käse zu braten. Natürlich habe ich schon Camembert gebacken und Raclette gegessen, aber ich hatte nie daran gedacht, einfach ein Stück in die Pfanne zu geben und zu braten. Wie blind ich doch war!

Pecorino wird unglaublich zäh, wenn er erhitzt wird. Hier wird er triefend auf knuspriges *pane carasau* (auch *pane guttiau* genannt) gelöffelt. Dieses wird vorher mit Öl beträufelt und mit Rosmarin eingerieben. Darüber kommen Honig und Walnüsse. Ich garantiere Ihnen, dass es keine bessere Art gibt, eine Mahlzeit zu beginnen (oder zu beenden).

Es gibt hier keine festen Mengenangaben – es hängt allein davon ab, wie viel Sie essen möchten.

»Im Zweifelsfall mehr Käse!«

FÜR 2 PERSONEN

- 2 Platten *pane carasau*
- Olivenöl zum Beträufeln
- Meersalz
- 1 Zweig Rosmarin, die Nadeln grob gehackt
- 4 dicke Scheiben Pecorino, Rinde entfernt
- 1 EL Honig
- 1 Handvoll Walnusskerne

Den Backofen auf 180 °C vorheizen.

Das *pane carasau* mit dem Olivenöl beträufeln und mit Meersalz und Rosmarinnadeln bestreuen.

Die Käsescheiben in eine kleine Auflaufform platzieren und in den vorgeheizten Backofen schieben. Auf das Backblech darunter das *pane carasau* legen.

Wenn der Käse geschmolzen und das Brot goldbraun ist, beides aus dem Backofen nehmen, den Käse mit Honig beträufeln und mit Walnüssen bestreuen. Dazu das Brot servieren.

59A

KARAMELLISIERTER MEERESSCHAUM

Die Bottarga steht wie kein anderes Lebensmittel für Sardinien: Sie ist altertümlich, schön und nicht von dieser Welt. Salzig wie das Meer, das die Insel umschließt, und voller Geheimnis und Tradition.

Bottarga kam durch die Phönizier nach Sardinien und wird auch heute noch in großen Mengen hergestellt und gegessen, vor allem an der Westküste der Insel, wo wir leben. Hier in den Brackwasserseen von Cabras wird die Großkopfmeeräsche gefangen und gegessen und ihr Rogen wird zu Bottarga verarbeitet. Die Rogensäcke werden gesalzen und anschließend an der Luft getrocknet, bis sie fest und bernsteinfarben sind. Bottarga wird zu einer Art rostfarbenem Pulver zerrieben oder als ganzer Lappen verkauft, den Sie nach Belieben in Scheiben schneiden oder reiben können.

Meist wird die Bottarga auf Sardinien sehr fein gerieben und unter Nudelgerichte gemischt (Seite 116). Oder sie wird in hauchdünne Scheiben geschnitten, auf knuspriges *pane carasau* gelegt und mit gutem Olivenöl beträufelt (Seite 37). Letzteres ist mein Favorit.

Es ist schwer, demjenigen, der sie noch nie probiert hat, den Geschmack zu beschreiben, doch er liegt zwischen Käse, Butter, Salz und Fisch. Elizabeth Luards Beschreibung »wie karamellisierter Meeresschaum« trifft es sehr gut. Ich denke dabei an ein köstliches Fruchtgummi, das etwas zäh ist und an den Zähnen kleben bleibt. Obwohl Bottarga in der häuslichen Küche relativ unbekannt ist, wird sie von Küchenchefs weltweit sehr geliebt und gilt als »die Antwort des Meeres auf den Bacon«. Sie ist voller Umami und gibt zahlreichen Gerichten eine würzige Tiefe.
Ich persönlich finde, dass man der Bottarga damit nicht gerecht wird, denn sie ist köstlicher, einzigartiger und süchtig machender als Bacon – eine kühne Behauptung, finde ich. Allerdings ist sie nicht für jeden etwas; sie ist intensiv, fast bitter-fischig, mit einem mineralischen Nachgeschmack und von intensiver Würze, die man von Sardellen und Dorschrogen kennt. Für den Fischliebhaber wird sie sich als neue Lieblingszutat erweisen.

Obwohl sie nicht gerade billig ist (auch nicht auf Sardinien, wo sie in großen Mengen produziert wird), so lohnt es sich dennoch, nach ihr Ausschau zu halten. Wir können uns glücklich schätzen, dass Lucas Vater eine Leidenschaft für das Zeug hegt. Er produziert seine eigene Bottarga und schenkt uns in jeder Saison einige Lappen.

Giuseppes Bottarga-Produktion ist eine großartige (und – bis jetzt zumindest – geheime) Kunst. Er salzt die Rogensäcke der Großkopfmeeräsche zu Hause und reibt sie dann vorsichtig mit einem Tuch ab, das er zuvor mit einer Mischung aus bestem Olivenöl und Vernaccia getränkt hat. Die Rogen legt er ausgebreitet auf einen langen Tisch an einem dunklen Ort. Um sie herum sorgen verschiedene Elektroventilatoren mindestens 20 Tage lang für eine trocknende Brise. Er bereitet sie im Sommerhaus der Familie am Meer zu und lässt für die Meeresluft zusätzlich die Fenster offen. Das, so sagt er, verbessere ihr Aroma.

Die bauchigen bernsteinfarbenen Säcke schimmern gespenstisch im Halbdunkel und ähneln fossilen Organen. Als Franca mich mitnahm, um sie mir zu zeigen (und um sie zu wenden, denn das muss regelmäßig geschehen), unterhielt sie sich mit mir in leisem Flüsterton, als wären die Rogen sehr empfindsam. Den Sarden sind sie wahrlich heilig.

NOTENPAPIERBROT, BOTTARGA UND OLIVENÖL

Pane Carasau, Bottarga e Olio di Oliva

Dies ist eher eine Zusammenstellung als ein Rezept, aber es ist darum nicht schlechter. Ich beginne gerne eine Mahlzeit mit hauchdünnem *pane carasau*, auch als *carta di musica* bekannt, dünnen Scheiben schimmernder, bernsteinfarbener Bottarga und einem Schuss kräftigen Olivenöl. Es ist salzig, knusprig, süß und bitter zugleich.

FÜR 6–8 PERSONEN

- 1 Stück Bottarga
- 4–6 Platten *pane carasau*
- 1 Schuss Olivenöl extra vergine in bester Qualität

Die Bottarga mit einem scharfen Messer in 2 mm dünne Stücke schneiden und das *pane carasau* damit belegen. Mit reichlich Olivenöl beträufeln und direkt servieren. Dazu passt ein Prosecco oder ein trockener Weißwein.

BOTTARGA-PASTETE

Paté di Bottarga

Ich wuchs mit der Räuchermakrelenpastete meiner Mutter (immer noch mein Lieblingsessen) und der pastellrosafarbenen Lachsforellenpastete meiner Großmutter auf. So war ich mehr als erfreut, als ich einen sardischen Verwandten entdeckte. Hier wird die Pastete so serviert, wie auch meine Mutter und meine Großmutter ihre servierten: auf kleinen mit Cayenne bestreuten Steinguttellern. Bei all den schicken Kanapees und klitzekleinen Knabbereien dieser Welt gibt es doch nichts Besseres als einen ordentlichen Klecks salziger Fischpastete auf knusprigem Brot – für mich zumindest.

In diesem Rezept ist kein Salz aufgeführt, denn die Bottarga, der Thunfisch und die Sardellen sind bereits salzig genug. Probieren Sie es selbst, und wenn Sie möchten, können Sie immer noch mit Salz nachwürzen.

FÜR 6 PERSONEN ALS ÜPPIGE VORSPEISE

80 g Bottarga (ganz oder gerieben), plus etwas mehr zum Servieren (nach Belieben)
80 g Thunfisch (aus der Dose), abgetropft
8 Sardellenfilets
200 g Butter
1 Prise Cayennepfeffer oder Chilipulver
1 Spritzer Zitronensaft (nach Belieben)
Schnittlauch- oder Minzeblüten zum Garnieren (nach Belieben)

Bottarga, Thunfisch und Sardellen im Mixer zu einer glatten Masse verarbeiten. Die Butter hinzufügen und alles zu einer schönen cremigen, glatten Paste verrühren.

Zum Festwerden in den Kühlschrank stellen. Vor dem Servieren etwas weich werden lassen, schließlich soll die Pastete nicht steinhart sein. In einer kleinen Schüssel anrichten und zusätzlich mit etwas geriebener Bottarga oder Cayennepfeffer, einem Spritzer Zitronensaft und Schnittlauch- oder Minzeblüten garnieren.

ZWEI

MERENDA

Joghurtkuchen in drei Variationen • *Schwarz wie die Nacht und dick wie Suppe* • Blutorangen-Ricotta-Kuchen mit Polenta und Olivenöl • *Grünes Gold* • Reife Birnen und Pecorino • Ricotta, Feigen, Thymian und Honig • *Pane con Burro e Acciughe*

MERENDA

Patience Gray schrieb, der Snack würde einem »entrissen«, die *merenda* würde »geteilt«. Was für eine schöne Vorstellung; sie existiert auch heute noch in der sardischen Kultur. Der Snack ist in England noch stets negativ belegt und mit Schuldgefühlen behaftet, während die italienische Merenda, wie jede andere Gelegenheit zu essen, ein echtes Ereignis darstellt und entsprechend beliebt ist. Die morgendliche Merenda wird um etwa 11 Uhr eingenommen und die am Nachmittag gegen 16 Uhr. Am besten lässt sie sich wahrscheinlich mit einem zweiten Frühstück am Morgen und dem englischen »Nachmittagstee« vergleichen.

Eine Merenda auf Sardinien kann aus einfachem Kuchen, Resten von Dolci, Früchten oder einfach einer Scheibe Brot mit Salami oder Käse bestehen.

Die folgenden Rezepte gehören zu meinen Lieblingssnacks.

JOGHURTKUCHEN IN DREI VARIATIONEN

Ciambellone in Tre Modi

Auch einfach als »Joghurtkuchen« bekannt, wird er von fast jeder italienischen Nonna auf ihre Weise zubereitet, und ist somit wohl der einfachste und wandlungsfähigste Kuchen der Geschichte.

Ein sehr einfacher, weicher und elastischer Biskuitkuchen mit goldener Kruste und buttergelber Krume hat etwas Nostalgisches und Beruhigendes. Die Engländer haben ihren Victoria Sponge, die Italiener ihren *ciambellone*.

Meist in einer Bund- oder Ringform gebacken, wird der Kuchen mit kleinen Joghurtbechern von 125 ml oder 150 ml zum Abmessen der Zutaten zubereitet. Diese kommen nach und nach in die Rührschüssel, zuallererst der Joghurt.

Der Kuchen ist perfekt zum Frühstück, denn durch seine unkomplizierte Süße bildet er eine schöne Balance zum Kaffee.

Dies hier ist Francas Rezept. Sie backt sonst nicht, niemals. Nur diesen Kuchen, denn er ist kinderleicht; ein Kuchen für alle, die keine Backfans sind. Trotz Improvisation gelingt er immer. Wenn Backen doch immer so einfach wäre!

1 RINGBACKFORM À 26 CM Ø

HINWEIS

Hier auf Sardinien wird Backpulver nur in fertigen Tütchen von 16 g angeboten. Aus irgendeinem Grund ist es immer mit Vanille aromatisiert. Wenn Sie sie durch einen Tropfen Vanilleextrakt ersetzen, bekommen Sie ein ähnliches Ergebnis.

weiter auf der nächsten Seite →

ORIGINAL JOGHURTKUCHEN

etwas zerlassene Butter für die Form
3 »Becher« Weizenmehl, plus etwas mehr zum Bestäuben
1 Becher Naturjoghurt à 125 ml oder 150 ml
2 »Becher« feiner Zucker
1 »Becher« Sonnenblumenöl
3 Bio-Eier
abgeriebene Schale von 1 Bio-Zitrone
abgeriebene Schale von 1 Bio-Orange
3 TL Backpulver
einige Tropfen Vanilleextrakt (siehe Hinweis Seite 44)

Den Backofen auf 180 °C vorheizen.

Mit einem Backpinsel die Kuchenform mit der zerlassenen Butter einpinseln und von innen mit etwas Mehl bestäuben.

Den Joghurt in eine Rührschüssel geben. Mit demselben Becher den Zucker und das Öl abmessen und nach und nach zum Joghurt geben – den Becher müssen Sie vorher nicht ausspülen. Eier, Zitronen- und Orangenabrieb, Mehl, Backpulver und Vanilleextrakt hinzufügen und alles mit dem Mixer zu einem glatten Teig verarbeiten.

Den Teig in die vorbereitete Form füllen und im vorgeheizten Ofen 40–50 Minuten backen. Er sollte dann gut aufgegangen und fest sein. Die Backform herausnehmen und den Kuchen darin einige Minuten auskühlen lassen. Danach aus der Form lösen und auf einem Kuchengitter weiter auskühlen. Luftdicht verschlossen hält sich der Kuchen bis zu 6 Tage.

JOGHURTKUCHEN MIT APFEL

Eine großartige Idee, um einige vergessene Äpfel aus der Obstschale zu verarbeiten, doch Sie können ansonsten gern auch frische kaufen.

Den Teig wie im Rezept für den Original Joghurtkuchen zubereiten. Zusätzlich 150 g Äpfel schälen, vierteln, vom Kerngehäuse befreien und in kieselsteingroße Würfel schneiden. Unter den Teig mischen.

So bekommt der Kuchen mehr Feuchtigkeit und ist ideal zum Frühstück, da er noch mehr Nährstoffe enthält.

GRANATAPFEL-JOGHURT-KUCHEN

Granatäpfel gedeihen sehr gut auf Sardinien und ich suche immer nach Möglichkeiten, sie zu verwenden. Hier peppen sie den wohl einfachsten Kuchen der Geschichte auf. Ihre Gäste könnten meinen, Sie hätten sich ganz viel Mühe damit gemacht, was aber gar nicht der Fall ist. Mit seiner hübschen Kuppelform und der Juwelenverzierung ist der Kuchen perfekt, um Gäste zu beeindrucken oder ihn als Gastgeschenk mitzunehmen. Wenn mich jemand bittet, einen Kuchen für ein Fest (und davon gibt es hier viele) zu backen, dann mache ich diesen. Es ist großartig, wie der Granatapfelsaft den Zuckerguss schön leuchtend einfärbt – und das ganz ohne künstliche Farbstoffe. Für den Zuckerguss brauchen Sie 2 Granatäpfel. Von einem Granatapfel eine Hälfte über einer Schüssel auspressen und mit 150 g Puderzucker zu einem glatten Guss verrühren. Die Kerne aus den restlichen anderthalb Granatäpfeln herauslösen und den Kuchen reichlich damit bestreuen.

SCHWARZ WIE DIE NACHT UND DICK WIE SUPPE

Die Klänge Sardiniens wecken mich auf: das »Schütteln« eines Päckchen Zuckers, das Summen eines Mahlwerks und das seufzende »Pfff« von Dampf. Kleine, dickwandige weiße Espressotassen sind die Lebensader Italiens.

Der Kaffee gelangte mit den Arabern über Venedig nach Europa und die ersten Kaffeeläden wurden dort 1640 eröffnet.

Viele Italiener meinen, echten Espresso könne es außerhalb Italiens nicht geben, und trotz meiner vergeblichen Versuche, Luca in die Londoner Kaffeekultur einzuführen, knallt er jedes Mal seine Tasse angewidert hin. Ob Sie mit Luca einer Meinung sind oder nicht, so umweht den Espresso doch dieses typisch italienische Flair und für mich als Ausländerin ist die italienische Kaffeekultur Quelle größten Vergnügens und größter Freude. Der italienische Snobismus in Bezug auf Kaffee ist so stark, dass ich meine Liebe zu Filterkaffee und »Flat White« bei meinem Umzug nach Italien aufgeben musste und mich zwang, mich zu kultivieren, um nur noch Espresso zu trinken.

BLUTORANGEN-RICOTTA-KUCHEN MIT POLENTA UND OLIVENÖL

Torta di Arancia Sanguigna, Ricotta, Polenta e Olio di Oliva

Das ist der perfekte Kuchen – so luftig, gehaltvoll und leicht. Durch die Polenta wird er an den Rändern schön kross. Er ist auch einige Tage später noch weich und klebrig, wenn er da nicht schon längst aufgegessen ist. Vor allem morgens zum Espresso ist er absolut köstlich. Blutorangen mit ihrem roten Fruchtfleisch sehen echt fantastisch aus, doch normale Orangen tun es auch. Noch ein Hinweis zum Schluss: Der Teig ist bei der Zubereitung ziemlich dickflüssig, aber machen Sie sich keine Sorgen. Genau so soll er sein ...

FÜR 8–10 PERSONEN

Für den Boden

1–2 Blutorangen
100 g Demerara-Zucker (brauner Rohrzucker)

Für den Teig

200 ml Olivenöl, plus etwas mehr für die Form
200 g feiner Zucker
1 Prise Meersalz
250 g Ricotta
abgeriebene Schale und Saft von 4 kleinen Bio-Blutorangen
abgeriebene Schale und Saft von 1 großen Bio-Zitrone
4 Bio-Eier
100 g Polenta
150 g Weizenmehl
2 TL Backpulver

1 Backform à 20 cm Ø

Den Backofen auf 180 °C vorheizen. Die Backform mit Butter einpinseln und mit Backpapier auslegen.

Für den Boden die Orangen waschen und mit einem scharfen Messer (oder mit einem Hobel) in 2 mm dicke Scheiben schneiden. Ich lasse die Schale dran, denn durch das Backen wird sie essbar, aber Sie können sie gern entfernen.

In einem kleinen Topf den Demerara-Zucker mit 2 EL Wasser bei mittlerer Hitze auflösen. Einige Minuten köcheln lassen, bis die Masse anfängt zu karamellisieren (den Farbwechsel zu hellem Bernstein werden Sie riechen und sehen). Den Sirup auf den Boden der Backform gießen und möglichst viele der Blutorangenscheiben in einem schönen Muster auf dem Sirup arrangieren.

Für den Teig Olivenöl, Zucker, Salz, Ricotta, Abrieb und Saft der Zitrusfrüchte in einer großen Rührschüssel vermengen. Die Eier einzeln unterrühren. Die trockenen Zutaten hinzufügen und alles zu einem glatten Teig verarbeiten. Diesen in die vorbereitete Form füllen und im vorgeheizten Ofen 40–50 Minuten backen, bis er goldfarben und gerade gar ist.

Den Kuchen 5 Minuten auskühlen lassen, dann mit dem Messer am Rand der Backform entlangfahren und auf ein Kuchengitter oder auf eine Kuchenplatte stürzen. Vor dem Anschneiden vollständig auskühlen lassen.

GRÜNES GOLD

Die Grundlage der mediterranen Küche sind drei wichtige Pflanzen: Getreide, Weinreben und Oliven. Diese drei Gewächse sorgen für die besten Dinge des Lebens, die auch die Pfeiler der sardischen Küche darstellen: Brot, Wein und Olivenöl. Olivenbäume werden seit 8000 v. Chr. angebaut – verglichen dazu ist das Christentum noch jung –, und Olivenöl wird schon seit 4000 v. Chr. produziert.

Olivenöl dient nicht nur zum Würzen oder zum Braten, sondern ist auch für sich genommen ein wunderbares Produkt. Ich habe immer eines von ansprechender Qualität im Haus. Ich weiß, ich kann damit rasch etwas Gutes zubereiten, sei es Brot mit Olivenöl, Nudeln mit Olivenöl oder einfach einen Salat.

Die Römer verehrten das grüne Gold genauso wie ich. Sie verzehrten es nicht nur, sondern nutzten es auch als Heil- und Schmiermittel und als Feuchtigkeitsspender. Ein typisch römisches Frühstück bestand aus einer Art Porridge, über das Olivenöl geträufelt wurde. Bis heute hat Olivenöl eine religiöse Bedeutung: In der römisch-katholischen Kirche wird die Stirn von Babys bei der Taufe damit benetzt.

Die Herstellung von Olivenöl hat sich in den letzten tausend Jahren kaum verändert. Oliven werden geerntet (häufig noch immer mit der Hand, indem der Baum kräftig geschüttelt wird), gewaschen und dann gepresst, entweder in einer speziellen Presse oder zwischen Granitsteinen. Bei dieser ersten Pressung wird das sogenannte Olivenöl »extra vergine« produziert. Die so gewonnene Flüssigkeit (eine Mischung aus Öl und wässrigem Saft) wird getrennt und das Olivenöl in Flaschen gefüllt.

Neuerdings hat Olivenöl etwas an Beliebtheit verloren, denn modischere Öle wie Kokosöl etc. sind in den Mittelpunkt gerückt. Doch die Ernährungsvorteile von Olivenöl sind unschlagbar. Es besteht aus essenziellen Fettsäuren und Antioxidantien und senkt nachweislich den Blutdruck, beugt Herzkrankheiten vor und minimiert sogar das Risiko von Alzheimer.

In Sardinien werden immer zwei verschiedene Olivenöle verwendet: ein gutes, das beste extra vergine, das sie sich leisten können, und ein »schlechtes« – immer noch extra vergine, aber eben etwas günstiger. Das schlechte Olivenöl wird fürs Kochen verwendet und das gute zum Beträufeln und für ein Dressing. Der Geschmack des guten Olivenöls ist wesentlicher Bestandteil eines fertigen Gerichts.

Sardisches Öl hat im Ausland keinen wahnsinnig tollen Ruf, obwohl ich nicht weiß, warum, denn es kann geschmacklich mit den besten ligurischen Ölen mithalten. Es schmeckt wie Artischocken, die hier so gut wachsen: grasig, leicht tanninhaltig und bittersüß.

REIFE BIRNEN UND PECORINO

Pere e Pecorino

Eher ein Vorschlag als ein Rezept, so ist der Kontrast zwischen süßen, saftigen Birnen und salzigem, kräftigem Pecorino hier nahezu unschlagbar. Wie bei allen einfachen Zusammenstellungen gewinnt dieses Gericht durch die Perfektion seiner beiden Zutaten. Kaufen Sie im Herbst auf dem Markt eine reife Birne, voller Saft und Kühle vom morgendlichen Pflücken, und dann einen guten, buttrigen, krümeligen gut gereiften Pecorino Sardo. Essen Sie abwechselnd etwas von dem einen und von dem anderen, während Ihnen der Saft übers Kinn läuft.

»Lass die Bauern nicht wissen, wie gut der Käse mit den Birnen schmeckt.«

— ITALIENISCHES SPRICHWORT

RICOTTA, FEIGEN, THYMIAN UND HONIG

Ricotta, Fichi, Timo e Miele

Wenn du einen Snack isst, dann sollte es ein guter sein. Weiche, süße schwarze Feigen, abgemildert durch cremigen Ricotta und angerichtet auf geröstetem Brot werden vor dem Servieren mit Olivenöl und Honig beträufelt: Das ist wahrlich ein Snack für Götter. Dieser sollte am besten allein genossen werden.

FÜR 1 PERSON

2 Scheiben gutes Sauerteigbrot
100 g Ricotta
4 reife schwarze Feigen
Olivenöl zum Beträufeln
1 EL Honig
Meersalz
1 Zweig Thymian

Das Brot rösten und mit dem Ricotta bestreichen. Die Feigen auseinanderreißen und darauf anrichten. Mit Öl und Honig beträufeln und mit Salz bestreuen. Die Thymianblättchen zwischen den Fingern zerreiben und über den Broten verteilen. Genießen.

BROT MIT BUTTER UND SARDELLEN

Pane con burro e acciughe

Viele (auch wenn ich hoffe nicht alle) werden diese Mahlzeit als eine der größten Genüsse des Lebens betrachten. Für alle, die bereits Fan sind, kann ich nur sagen, wie einfach und sensationell diese Kombination ist. Bei denjenigen unter Ihnen, die sie noch nicht versucht haben, kann ich nur hoffen, dass Sie nach dem Lesen inspiriert sein werden.

Diese Kombination esse ich, wenn ich nichts anderes im Haus habe, oder wenn ich zu faul zum Einkaufen bin. Und jedes Mal, wenn ich das belegte Brot genieße, frage ich mich, warum ich überhaupt jemals irgendetwas anderes gegessen habe. In einer Welt, in der nichts perfekt zu sein scheint, ist es dieses Gericht. Perfektion jedoch bedeutet Liebe zum Detail; das »Rezept« oder vielmehr die Empfehlung für die Zutaten lautet: Das Brot muss eine zähe, nachgebende Krume und eine knusprige, dunkle Kruste haben. Es muss eher weiß und unkompliziert sein, keines dieser trendigen Körner- oder Roggenbrote aus alten Getreidesorten. Die Butter muss gut gekühlt sein, kreideweiß, ungesalzen und in dicke Scheiben geschnitten werden – wie Käse. Sie wird auf das Brot gelegt, nicht gestrichen. Die Sardellen sollten wirklich dick und saftig sein; sie werden großzügig auf den kühlen, marmorweißen Butterscheiben verteilt. Wie leuchtende Pilger, die sich vor einem Altar niederwerfen. So einfach ist das.

DREI

VERDURE

Wie isst man eine Artischocke? • Eingelegte Artischocken • Gefüllte Artischocken • Geschmorte Artischocken mit Salbei, Zitrone, Fenchel, Oliven und Safran-Aioli • Fenchelgratin • Langsam gegarte Brechbohnen mit Tomate, Pancetta und Chili • Langsam gegarte Zucchini mit Minze, Chili und Mandeln • Erstickter Blumenkohl • Gebackene Kardonen mit Parmesan und Butter • *Vino Sardo* • Nudeln und Kartoffeln in Brühe • Dicke Bohnen mit Guanciale, Vernaccia und Minze • *Die Kunst des Frittierens* • Frittierte Paprika mit Sardellen und Kapern • Gebackene Kräuterseitlinge • Sellerie-Bottarga-Salat • Artischocken-Bottarga-Salat • Sellerie-Blutorangen-Salat mit Haselnüssen und Parmesan • Kaki, Schinken, Endivie, Pecorino und Walnüsse • *Casu* • Bitterer Blattsalat mit Feigen, Speck und Ricotta • Sommersalat mit Bohnen, Kartoffeln, Oliven, Thunfisch, Tomate und Basilikum

VERDURE

Die Sarden haben eine sehr puristische Haltung zu ihrem Gemüse und behaupten, dessen Qualität sei so hoch, dass sie nichts mehr daran machen müssten. Gutes Olivenöl und Salz sind häufig die einzigen Würzmittel (manchmal nicht einmal die), egal, ob das Gemüse gekocht oder roh serviert wird. Sie verstärken den Geschmack eher, als dass sie von ihm ablenken.

Das Gemüse auf Sardinien ist so gut, dass es gebührend gewürdigt und von den Sarden verehrt wird. Es gibt beispielsweise eine Bergkartoffel (*Patate de Gavoi*) aus der Region Mittelsardinien, die so unglaublich gut ist, dass man ihr ein eigenes Fest widmet. Wenn sie auf den Markt kommt, dann essen wir sie als Hauptgericht, einfach nur gekocht, gepellt und mit etwas pfeffrigem Olivenöl und Meersalz angerichtet. Die Kartoffeln sind gelb und klebrig und schmecken nach Zucker und Erde.

Die Art, wie die Sarden ihr Gemüse garen, war anfangs eine Überraschung für mich. Während die Nudeln immer *al dente* sind, ist es eines von den Engländern kolportiertes Gerücht, dass Italiener ihr Gemüse immer bissfest garen. Hier gibt es aber keinen Mittelweg; entweder wird es knackig roh gegessen oder lange und bei geringer Hitze weich gegart.

CRUDO

Unterschätzen Sie niemals die Köstlichkeit von rohem Gemüse. Die Rohkost, das traurige Überbleibsel der 1970er-Partys in Großbritannien, ist auf Sardinien immer noch allgegenwärtig und beliebt. Hier als *pinzimonio* bekannt, wird das Gemüse gewaschen, geschält, in Streifen geschnitten und zu fast jeder Mahlzeit serviert. Angerichtet auf weißen ovalen Platten, kühl und glänzend vom Wasserbad, wird Gemüse als etwas Wunderbares zelebriert.

Tomaten, so sie denn gerade Saison haben, werden im Ganzen serviert, mit Öl und Salz, sodass Sie sie nach Wunsch schneiden und würzen können. Auch Blattsalat wird nur gewaschen, zerkleinert und so auf den Tisch gestellt. Fenchel wird häufig ganz einfach nach dem Fleischgang in dicken, kalten, knackigen Streifen serviert, um den Geschmack zu neutralisieren. Wenig Tamtam, aber viel Geschmack.

COTTO

Es gibt verschiedenes bitteres Blattgemüse, das im Winter auf den Märkten angeboten wird: Endivie, Chicorée und Löwenzahn in allen Arten. Man kocht es in Salzwasser, lässt es dann auskühlen und abtropfen, um es gekühlt und mit gutem Olivenöl beträufelt zu servieren. Wilder und kultivierter Mangold sowie Spinat werden auf gleiche Weise zubereitet. Das mag sich seltsam anhören, doch kalter, gegarter und abgetropfter Spinat und Mangold mit kräftigem Olivenöl und Salz gehören überraschenderweise zu den köstlichsten Dingen, die Sie jemals essen werden. Die eisenreiche, grüne Note dieser Pflanzen sollte stets auf diese Art gewürdigt werden.

Auberginen, Paprika und Zucchini werden gefüllt oder gebacken, frittiert oder langsam in reichlich Öl gegart. Artischocken (wenn sie nicht roh serviert werden) werden gefüllt, gebacken, geschmort oder gedünstet.

Langsam gegarte Gemüsegerichte mit viel Olivenöl, wie langsam gegarte Zucchini (Seite 76), erfüllen verschiedene Zwecke. Häufig in großen Portionen gekocht, können sie gut im Voraus zubereitet werden – und werden immer besser, je länger sie stehen. Sie werden als *antipasti* serviert, als leichter Mittagsimbiss mit etwas Brot und Käse oder als Beilage zum Fleisch. Und schließlich lässt sich aus ihnen immer noch eine leckere Nudelsauce zubereiten.

WIE ISST MAN EINE ARTISCHOCKE?

»Die Artischocke ist vor allem Ausdruck zivilisierten Lebens, des Weitblicks und des sich steigernden Genusses durch Erwartung und Höhepunkt.«

— JANE GRIGSON

Sie glauben vielleicht, so wie ich irrtümlicherweise, Artischocken machten viel Mühe bei geringem Lohn. In meinem früheren Leben als Köchin musste ich Hunderte Exemplare dieses stachligen Gemüses vorbereiten, und ich war nie davon überzeugt, ob sich der Aufwand lohnte. Das war, bevor ich herkam und entdeckte, wie man Artischocken wirklich essen (und kochen) muss.

ARTISCHOCKEN AUF SARDINIEN

Die beiden Sorten, die auf Sardinien hauptsächlich angebaut werden, sind *Tema* und *Spinoso*. Die Tema ist in ganz Italien verbreitet; sie hat kurze Dornen (harte Spitzen oben an jedem Blatt) und ist violetter als die grüne Spinoso. Beide haben von Oktober bis April Saison. Die Spinoso hat eine kürzere süßere Saison. Sie erscheint Ende Oktober und verschwindet manchmal innerhalb eines Monats wieder. Gelegentlich zeigt sie sich erneut nach Weihnachten, im angehenden Frühjahr. Grün, mit länglichem Blütenstand und gefährlichen langen, gelben Dornen an den Blattspitzen, ist diese Sorte für ihre Zartheit und die perfekte Balance zwischen bitteren und süßen Geschmacksnoten bekannt. Sie trägt das DOP-Gütesiegel und wächst wegen der besonderen Zusammensetzung des sardischen Bodens auf der Insel besonders gut.

Auch mit Blick auf ihre Nährwerte sollten die Artischocken nicht übersehen werden. Sie haben einen der höchsten Antioxidantienspiegel aller Gemüsesorten (einige Studien behaupten sogar, den höchsten überhaupt) und stecken voller Mineral- und Ballaststoffe. Sie enthalten besonders viel Inulin, ein präbiotischer Ballaststoff.

Wenn wir alle am Tag eine Artischocke statt eines Apfels (wie das Sprichwort uns glauben lassen will) essen würden, dann lebten wir gewiss so lange wie die Sarden.

DAS ESSEN

Die beste Art, eine Artischocke zu essen, ist nicht, sie zu garen. Wenn die Artischockenzeit angebrochen ist, esse ich ein oder zwei Stück am Tag, bis die Saison endet. In dem Moment, in dem die stachligen Exemplare auf dem Markt angeboten werden, stelle ich sie wie Blumen (Artischocken gehören zu den Distelarten) in eine Vase mit Wasser mitten auf den Tisch.

Wir alle nehmen uns dann eine und schälen sie mit dem Messer. Neben uns steht eine Schüssel mit gutem Olivenöl und etwas Meersalz. Die faserigen äußeren Teile werden vom Stiel geschält, bis nur das blasse, glatte, weiche Innere zurückbleibt. Dieses wird in Stücke geschnitten, in Olivenöl getaucht und gegessen.

Als Nächstes wird die Knospe Blatt für Blatt geschält. Die Blätter werden ebenfalls in Olivenöl getaucht und der Boden (mit dem gelben Fleisch) wird abgeknabbert. Zum Schluss kommen wir zum Herz, das durch hellviolettes Heu geschützt ist – daran merkt man, dass die Artischocke von der Distel abstammt. Dieses lösen wir mit einem Löffel heraus. Darunter liegt das perfekte, nussige, weiche Herz, welches wir in Stücke schneiden und es mit noch mehr Olivenöl und Salz essen.

Das Ganze unterliegt einem gewissen Ritual, das ich sehr liebe. Alle sitzen schweigend und konzentriert da und schälen mit Eifer ihre Artischocken. Es ist wie beim Essen eines ganzen Krebses: Ein wenig Arbeit ist nötig, um nach und nach winzige, süße Stückchen als Belohnung zu erhalten. Das ist mein Lieblingsessen und meine liebste Art, Artischocken zu essen.

DAS KOCHEN

Wenn es ans Kochen der Artischocken geht, dann sollte dazugesagt werden, dass die Zubereitung aufwendig ist. Ein wenig Geduld kann nicht schaden, doch die Mühe lohnt sich.

Die Zubereitung von Artischocken hängt davon ab, was Sie mit ihnen vorhaben. Für Rezepte, bei denen beim Essen Blatt für Blatt herausgezupft wird, ist wenig Vorbereitung vonnöten, denn die Arbeit kommt erst dann, wenn man isst. Wenn Sie die Artischocke ganz essen oder komplett zubereiten, ohne sie mit den Fingern zupfen zu müssen wie im Rezept auf Seite 66, dann können Sie folgendermaßen vorgehen.

WIE BEREITET MAN ARTISCHOCKEN ZU?

Eine große tiefe Schüssel mit kaltem Wasser bereitstellen und den Saft von 2 Bio-Zitronen (die zwei Hälften können in der Schüssel liegen bleiben) hineinpressen.

Von den Artischocken die harten äußeren Blätter abbrechen, bis nur noch zwei äußere Blattreihen stehen und die meisten inneren gelben Blätter zu sehen sind, die eine feste Knospe bilden.

Mit einem Sparschäler das grobe Äußere vom Boden und vom Stiel entfernen, bis nur das blasse weiche Fleisch übrig bleibt.

Mit einem scharfen Messer die Blattspitzen zur Hälfte kappen und entfernen.

Die Artischocke der Länge nach durchschneiden und mit einem Teelöffel das Heu herauslösen.

Die Hälften bis zum Kochen in das Zitronenwasser legen.

EINGELEGTE ARTISCHOCKEN

Carciofini Sott'olio

Dies sind die klassischen Antipasti auf Sardinien; sehr beliebt, um die außergewöhnliche Qualität der einheimischen Artischocken zu feiern. Wir bereiten Antipasti mit Artischocken im Spätfrühling zu, wenn sie besonders klein und zart sind.

Wenn Sie fertige, in Öl eingelegte Artischocken kaufen, sind diese oft weich, schlabbrig, ohne jeden Geschmack und triefen von Öl. Doch bei diesem Rezept können Sie sicher sein, dass die Artischocken fest bleiben, nicht auseinanderfallen und diesen köstlichen säuerlichen Biss haben. Das liegt nämlich am Sonnenblumenöl. Nach langem Experimentieren haben Franca und Gianni (die beiden bereiten die Artischocken zu und vergleichen jedes Jahr ihre Beobachtungen) festgestellt, dass sie durch das Einlegen in Olivenöl weich werden, während sie mit Sonnenblumenöl fest bleiben. Wenn Sie den Geschmack von Sonnenblumenöl nicht so sehr mögen, dann können Sie die Artischocken vor dem Servieren abtropfen lassen und sie dann mit gutem Olivenöl beträufeln.

Artischocken sind etwas knifflig in der Zubereitung und Sie brauchen dafür fast einen ganzen Tag, aber die Mühe lohnt sich. Die Gläser können Sie auch verschenken. Eingelegt halten sie sich bestimmt 1 Jahr und können mit hauchdünnem Schinken und knusprigem Brot serviert werden.

Franca liebt pure Artischocken so sehr, dass sie keine Kräuter hinzufügt, aber ich kenne auch Leute, die Oregano, Lorbeer oder Knoblauchzehen hinzugeben. Sie haben die Wahl.

FÜR 2 GROSSE GLÄSER

1 kg kleine Artischocken
500 ml Weißwein
200 ml Weißweinessig
700 ml Sonnenblumenöl
Lorbeerblätter, Rosmarin oder andere Kräuter (nach Belieben)

Gläser mit Schraubverschluss

Die Artischocken wie auf Seite 64 beschrieben zubereiten.

Wein, Essig und 300 ml Wasser in einem großen Topf zum Kochen bringen. Die vorbereiteten Artischocken in der Flüssigkeit 2 Minuten garen. Mit einem Schaumlöffel herausheben und 30 Minuten trocknen lassen.

Die Gläser sterilisieren. Dazu in Wasser kochen oder im Geschirrspüler auf höchster Temperatur spülen.

Das Öl auf 80 °C erhitzen. An dieser Stelle die Kräuter ins Glas geben. Die Gläser zur Hälfte mit dem heißen Öl befüllen und anschließend möglichst viele Artischocken hineingeben. Mit Öl bedecken und die Deckel fest zuschrauben. Die Artischocken müssen vollständig vom Öl bedeckt sein, so halten sie sich ca. 1 Jahr.

GEFÜLLTE ARTISCHOCKEN

Carciofi Ripieni

Noch ein Grund, Artischocken zu lieben: In diesem Rezept werden sie als ganze Blüten gegart und so zum großartigen (und vegetarischen) Mittelpunkt der Tafel. Die Füllung wird vor dem Backen zwischen die einzelnen Blätter verteilt. So laufen die köstlichen Säfte in das Brot und die Knoblauchfüllung und sorgen für einen schmackhaften, saftigen und durchweichten Boden und eine knusprige Käsekruste – das Beste aus beiden Welten.

Die Blüten werden mit der Hand gegessen und die Blätter, an denen noch ein Teil der Füllung haftet, werden eines nach dem anderen ausgesaugt, bis zum Artischockenherz und – noch leckerer – bis zu den Stücken, die am Boden der Auflaufform kleben. Das Brot wird in die köstliche Essenz von Knoblauchöl, Artischockensaft und Brotbröseln getunkt. Der Geschmack und die Textur erinnern mich an das Knoblauchbrot, das ich als Kind aß, mit fein gehackter Petersilie und dem teils durchweichten, teils knusprigen Weißbrot.

Servieren Sie die Artischocken als Vorspeise oder mit einem einfachen grünen Salat als Hauptgericht.

FÜR 4 PERSONEN ALS VORSPEISE ODER 2 PERSONEN ALS HAUPTGERICHT

- 2 mittelgroße Artischocken
- 2 kleine Knoblauchzehen, geschält und klein gewürfelt
- 60 g Pecorino oder Parmesan, gerieben
- 1 Handvoll klein gehackte Petersilie
- 1 Prise Zitronenabrieb einer Bio-Zitrone
- 160 g feine Semmelbrösel
- Meersalz
- 6 EL Olivenöl extra vergine

Zunächst die passende Auflaufform wählen: Die Artischocken sollten ausreichend Platz darin haben. Den Backofen auf 180 °C vorheizen. Die Stiele von den Artischocken schneiden, sodass nur die Köpfe übrig bleiben. Nach Belieben auch die Spitzen der dornigen Blätter abschneiden, obwohl mir das manchmal egal ist. Dann – der therapeutische Teil – die Artischocken hochnehmen und mit den dornigen Blättern nach unten auf die Arbeitsfläche schlagen. Diesen Vorgang einige Male wiederholen, bis sich die Knospe öffnet (so passt später etwas mehr Füllung zwischen die Blätter).

Die Knospen mit den Blättern nach oben in die Auflaufform setzen.

In einer Rührschüssel Knoblauch, Käse, gehackte Petersilie, Zitronenabrieb und Semmelbrösel mischen. Mit einer kräftigen Prise Salz würzen und alles nochmals gut umrühren. Eventuell nachwürzen.

Die Füllung über die Artischocken streuen und darauf achten, dass sie in alle Ritzen zwischen den Blättern und in der Mitte verteilt wird. Reste der Füllung auf den Boden der Auflaufform streuen. Mit dem Olivenöl beträufeln und 350 ml Wasser hineingießen. Im vorgeheizten Ofen 35–45 Minuten backen und eventuell noch Flüssigkeit zugeben, wenn das Wasser verdampft sein sollte. Die Artischocken sind ausreichend gegart, wenn sie sich weich anfühlen und sich die Blätter leicht herausziehen lassen.

In der Auflaufform servieren. Dazu zusätzliches Brot zum Eintunken und nach Belieben einen grünen Salat reichen.

GESCHMORTE ARTISCHOCKEN MIT SALBEI, ZITRONE, FENCHEL, OLIVEN UND SAFRAN-AIOLI

Carciofi, Finocchi, Olive, Pomodori in Umido con Aioli di Zafferano

Inspiriert von einem leckeren vegetarischen Gericht, das wir im *Spring* zubereiteten, wo Luca und ich vor unserem Wegzug aus London eine Weile gearbeitet hatten, ist dieses Gericht eine Art mediterranes Medley, mit Anklängen an Nordafrika, Italien und Südfrankreich. Es ist perfekt, um die verschiedenen Einflüsse auf die sardische Küche widerzuspiegeln, und lässt sich wunderbar als vegetarisches Hauptgericht zubereiten.

Während Mayonnaise in der sardischen Küche häufig anzutreffen ist, scheint die Aioli ihren Weg zwar in andere Teile des Mittelmeers gefunden zu haben, aber nicht nach Sardinien. Da sich der Name vom katalanischen Wort für »Knoblauch und Öl« ableitet und hier noch viele katalanische Einflüsse spürbar sind (vor allem die ehemalige katalanische Kolonie von Alghero), scheint es passend, sie in diesem Gericht zu verwenden. Der diktatorische Zwang, sich nur auf das »Echte« eines Originalrezepts zu beschränken, sollte nie zwischen Ihnen und einem köstlichen Essen stehen.

FÜR 4–6 PERSONEN

- 5 EL Olivenöl
- 2 Knoblauchzehen, geschält und klein geschnitten
- 3 große Fenchelknollen, Strunk und Spitzen entfernt und in je 8 lange Streifen geschnitten
- 2 getrocknete Chilischoten, zerstoßen
- 1 TL Fenchelsamen
- 10 Salbeiblätter
- 6–8 ganze Artischocken, vorbereitet wie auf Seite 64 beschrieben, halbiert
- 500 g Tomaten, klein geschnitten (oder Tomaten aus der Dose)
- 120 ml Weißwein
- 3 Streifen Bio-Zitronenschale
- 100 g violette oder kleine schwarze Oliven
- 5 frische Lorbeerblätter
- ¼ Bio-Zitrone, filetiert und klein geschnitten
- Meersalz
- 1 Prise extrafeiner Zucker
- 1 Bund Petersilie, fein gehackt

In einer großen Pfanne mit Deckel das Olivenöl erhitzen. Den Knoblauch darin andünsten und die Fenchelstreifen, den Chili und die Fenchelsamen hinzufügen. Bei mittlerer Hitze dünsten, bis der Fenchel nach 5 Minuten gerade Farbe annimmt. Die Salbeiblätter hinzufügen und alles 1–2 Minuten weitergaren, dabei zwischendurch immer wieder umrühren und anschließend die vorbereiteten Artischocken hinzufügen. Unter Rühren weiterkochen, bis sie von dem Olivenöl überzogen und leicht goldbraun sind.

Die Tomaten, den Wein und die Streifen der Zitronenschale hinzufügen. Den Deckel auflegen und alles bei geringer Hitze 40 Minuten garen, bis der Fenchel und die Artischocken weich und der Wein und die Tomaten dicksämig eingekocht sind. Die Oliven, den Lorbeer und die Zitronenfilets untermischen und mit Salz und Zucker würzen. Umrühren und weitere 5 Minuten köcheln lassen. Mit der gehackten Petersilie bestreuen.

Für die Safran-Aioli

2 Eigelb (Bio-Eier)
¼ TL Safranfäden, in 2 EL heißem Wasser eingeweicht
1 geh. TL Meersalz
1 TL Senf (nach Belieben)
2 Knoblauchzehen, geschält und klein gehackt
200 ml Olivenöl extra vergine in bester Qualität
100 ml neutrales Öl, z. B. Sonnenblumenöl
2 EL frisch gepresster Zitronensaft (nach Belieben)

Für die Safran-Aioli die Eigelbe und die Safranfäden mit dem Einweichwasser in eine kleine Schüssel geben. Salz, Senf und Knoblauch hinzufügen und alles verquirlen. Die Öle zusammengießen und unter kräftigem Rühren erst tröpfchenweise und dann in feinem Strahl zugeben, bis eine dicke Mayonnaise entstanden ist. Den Zitronensaft nach Belieben untermischen. Eventuell noch mit Salz nachwürzen und mit etwas kaltem Wasser verdünnen, wenn die Aioli dünnflüssiger sein soll.

Die geschmorten Artischocken auf Tellern anrichten und einen Klecks Aioli daraufgeben.

FENCHELGRATIN

Finocchi Gratinati

Es gibt kaum Gerichte, denen es schadet, wenn sie in einer cremigen Sauce unter dem Grill gebacken werden, bis sie eine schöne Kruste bekommen. Gratins werden von allen geliebt und sind herrlich einfach in der Zubereitung. Dieses Fenchelgratin lässt sich entweder mit einer klassischen Béchamelsauce oder mit eingekochter Sahne zubereiten, welche ich in diesem Rezept verwende. Ich liebe Béchamelsauce, aber ich finde, die reduzierte Sahne passt einfach besser zum zarten Fenchel.

Als Grundnahrungsmittel auf Sardinien kann der Fenchel das ganze Jahr über mit reinem und frischem Geschmack überzeugen. Dieses Rezept ist wunderbar für den Winter geeignet. Zusammen mit Steak, Fisch oder Schweinebraten ist das Gratin köstlich, es schmeckt aber auch als Hauptspeise.

Das Gericht basiert auf einem Rezept, das ich immer in einem meiner Lieblingsrestaurants in Devon, dem *Sea Horse*, bestelle. Dort wird es in vielen kleinen Silberschüsseln serviert und zeichnet sich durch eine wunderbare Blässe und Eleganz aus. Es hat diese cremige Reinheit, die ich so liebe.

FÜR 4 PERSONEN ALS HAUPTGERICHT ODER 6 PERSONEN ALS BEILAGE

Butter für die Form
3 Fenchelknollen, in ½ cm dicke Scheiben geschnitten
350 g Crème double
1 Knoblauchzehe, geschält und grob zerstoßen
Meersalz
1 Prise geriebene Muskatnuss
50 g Parmesan, gerieben
30 g Semmelbrösel

Den Backofen auf 190°C vorheizen. Eine mittelgroße Gratinform mit Butter einfetten.

In einem Topf Salzwasser aufkochen und die Fenchelscheiben darin 2 Minuten glasig, aber nicht weich garen. Gut auf Küchenpapier abtropfen lassen und dann in der gebutterten Gratinform verteilen.

Die Crème double mit dem Knoblauch in einem kleinen Topf erhitzen und fast zum Kochen bringen – dann sofort den Topf vom Herd nehmen und 10 Minuten ziehen lassen. Anschließend den Knoblauch herausfischen und die Sahne mit Salz und Muskatnuss je nach Geschmack würzen. Ein Drittel des Käses glatt unterrühren, dann über den Fenchel gießen.

Mit Semmelbröseln und dem restlichen Parmesan bestreuen und im vorgeheizten Backofen etwa 25 Minuten backen, bis das Gratin goldgelb ist und Bläschen wirft.

LANGSAM GEGARTE BRECHBOHNEN MIT TOMATE, PANCETTA UND CHILI

Fagiolini Piatti in Umido con Pomodori, Pancetta e Peperoncino

Es gibt in ganz Italien (und auch darüber hinaus – ich habe während meiner Zeit im *Morito* eine persische Variante zubereitet) verschiedene Varianten dieses Gerichts. Im Grunde ist es eine einfache Komposition und unglaublich befriedigend zu essen: matschige, weiche Bohnen in einer sämigen Tomatensauce.

Die sardische Variante enthält natürlich Schweinefleisch in irgendeiner Form wie Pancetta oder Guanciale, doch wenn Sie das Fleisch weglassen, haben Sie ein köstliches vegetarisches Gericht.

Es hält sich gut im Kühlschrank und schmeckt am nächsten Tag sogar noch besser. Ich esse es gern als einfachen Lunch mit etwas Brot und Käse.

FÜR 6 PERSONEN

- 1 kleine Zwiebel, geschält und klein geschnitten
- 4 EL Olivenöl
- 1 getrocknete rote Chilischote, zerstoßen
- 1 Lorbeerblatt
- 50 g Pancetta oder Guanciale (nach Belieben), gewürfelt
- 500 g Brechbohnen, geputzt und in 10 cm lange Stücke geschnitten
- 500 g Tomaten (frisch oder aus der Dose), gewürfelt
- Meersalz
- Basilikumblätter zum Garnieren

In einer Pfanne (Grillpfanne) bei mittlerer Hitze die Zwiebel im Olivenöl mit Chili und Lorbeerblatt andünsten. Den Pancetta hinzufügen und weiterschmoren, bis alles eine schöne, goldene Farbe angenommen hat.

Die Bohnen hinzufügen und umrühren, sodass sie vom Olivenöl überzogen sind. Die Tomaten untermischen und die Hitze stark reduzieren. Etwa 30–40 Minuten köcheln lassen, bis die Bohnen weich und die Tomaten zu einer sämigen Sauce verkocht sind. Würzen und vor dem Servieren mit den Basilikumblättern bestreuen.

LANGSAM GEGARTE ZUCCHINI MIT MINZE, CHILI UND MANDELN

Zucchine con Menta e Mandorle

Auf Zucchini, genau wie auf Auberginen, verstehen sich die Italiener besonders gut. Sie wissen, dass reichlich Öl der Schlüssel ist, um den süßen nussigen Geschmack dieser äußerst wasserhaltigen Pflanze freizusetzen. In diesem Rezept werden die Zucchini in reichlich Olivenöl bei geringer Hitze lange gegart und mit getrocknetem Chili und sehr fein geschnittenem Knoblauch bestreut. Das Gericht kann mit etwas Minze und gerösteten Mandeln als vollständige Mahlzeit serviert werden oder es bildet ein samtiges Bett für Schweinekoteletts oder gebratenes Hähnchen. Wenn Sie diese Zucchini probiert haben, werden Sie fortan ganz anders über sie denken. Ich liebe Minze dazu, aber auch andere weichblättrige Kräuter wie Dill, Estragon, Basilikum oder Petersilie passen gut.

FÜR 4–6 PERSONEN

5 EL Olivenöl
3 Knoblauchzehen, geschält und fein geschnitten
700 g Zucchini, halbiert und in dünne Scheiben geschnitten
1 getrocknete Chili, zerbröselt, oder 1 Prise Chiliflocken
Meersalz
1 Handvoll Minzeblätter, gehackt
1 Prise Bio-Zitronenabrieb
2 EL Mandelkerne, geröstet und grob gehackt

In einer schweren Pfanne mit Deckel das Olivenöl bei mittlerer Hitze erwärmen und Knoblauch und Zucchini hinzufügen. Den Chili untermischen und alles bei geringer bis mittlerer Hitze garen, zwischendurch immer wieder umrühren, damit die Zucchini langsam bräunen und karamellisieren.

Nach 5–10 Minuten, wenn ein Teil der Zucchini karamellisiert ist, den Deckel auflegen und die Hitze reduzieren. Für einige Minuten weiterschmoren, gelegentlich umrühren; wenn die Zucchini beginnen, am Boden festzukleben, noch etwas Wasser hinzugießen.

Die weichen Zucchini salzen. Gehackte Minze, Zitronenabrieb und Mandeln kurz vor dem Servieren darüberstreuen. Am besten bei Zimmertemperatur genießen und knuspriges Brot und Käse dazureichen.

ERSTICKTER BLUMENKOHL

Cavolfiore Soffocato

Blumenkohl hat mehr zu bieten als die blassen, matschigen Röschen, die man vielleicht aus der Kantine kennt. Wenn er wie in Italien zubereitet wird, dann ist auch dem Aschenputtel aus der Welt der Kohlköpfe erlaubt, zum Ball zu gehen und sich nussig und süß zu präsentieren. Hier zeigt der Blumenkohl, was er kann.

Dies ist eines der einfachsten Gerichte, die ich kenne. Wenn Sie noch etwas mehr Farbe ins Spiel bringen wollen, dann streuen Sie Petersilie darüber, aber mir gefällt dieses Beige eigentlich ganz gut. Es ist eine großartige Beilage zu Hähnchen und Schwein. Oder Sie servieren den Blumenkohl mit Brot, Käse und ein paar Oliven.

FÜR 4–6 PERSONEN

- 1 mittelgroßer Blumenkohl, in Röschen geteilt
- 3 EL Olivenöl extra vergine
- 130 g grüne Oliven
- Meersalz

In einer breiten Pfanne mit Deckel den Blumenkohl bei mittlerer Hitze in Olivenöl anbräunen. Dann 4 EL Wasser untermengen und köcheln lassen, bis der Blumenkohl vollständig weich ist. Nun die Oliven hinzufügen und alles noch einige Minuten garen. Falls nötig mit 1 Prise Meersalz würzen.

HINWEIS

Wenn Sie gute Oliven in Salzlake verwenden, können Sie den Blumenkohl auch in dieser Flüssigkeit schmoren. Dann sollten Sie jedoch darauf achten, wie viel Salz Sie am Ende hinzufügen..

GEBACKENE KARDONEN MIT PARMESAN UND BUTTER

Cardi Gratinati al Burro

Die Kardone ist ein lustig aussehendes Ding, wie das uneheliche Kind eines Drachens und einer Sellerieknolle. Dieses stachelige Stielgemüse ist eng mit der Distel und der Artischocke verwandt. Gegessen werden die Blattstiele, die ein wenig nach Nuss, Gras und Tannin schmecken. Ich liebe sie. Es ist gar nicht so schwierig, sie zu bekommen, wenn man nach ihr sucht, und die Sarden verwenden sie oft. Sie erscheinen pünktlich zur trostlosesten Zeit des Jahres, wenn alle anderen Gemüsesorten nur spärlich zur Verfügung stehen. Dieses Gericht beweist, dass die Zugabe von Butter und Parmesan fast jedes Gericht noch köstlicher werden lässt.

Die Kardonen schmecken auch gut mit gehackten Walnüssen, die vor dem Backen über das Gericht gestreut werden.

FÜR 4 PERSONEN ALS BEILAGE ODER VORSPEISE

- 2 Kardonenköpfe (beim Gemüsehändler bestellen)
- Meersalz
- 50 g Butter
- 50 g Parmesan, gerieben
- 20 g Walnusskerne, grob gehackt (nach Belieben)

Den Backofen auf 190 °C vorheizen.

Das Garen der Kardonen ist recht einfach, nur die Zubereitung erfordert etwas Zeit. Die härtesten äußeren Stiele entfernen. Die Wurzel abschneiden und aufbewahren (der äußere Strunk kann bis zum weichen Herz geschält und roh gegessen oder in Olivenöl getunkt und mit Salz gewürzt werden). Mit einem Sparschäler die holzigen Fasern der äußeren großen Stiele entfernen. Die trübe Schicht am Stiel mit einem sauberen, feuchten Topfkratzer oder einer Gemüsebürste unter fließendem Wasser abreiben.

Jeden Stiel gründlich bearbeiten und darauf achten, dass alle holzigen und stacheligen Teile abgeschält werden. Zurückbleiben sollten glatte grüne Stiele, die an Staudenselleriestangen erinnern. In 8 cm lange Abschnitte schneiden.

Inzwischen in einem großen Topf Salzwasser aufkochen. Die Kardonenstiele darin 8–10 Minuten garen, bis sie gerade weich sind. Herausnehmen und abtropfen lassen. Die vollständig getrockneten Kardonen in eine Auflaufform legen. Mit Butterwürfeln belegen und mit Parmesan und Walnüssen (wenn verwendet) bestreuen. Im vorgeheizten Backofen 10 Minuten überbacken, bis sie goldbraun sind. Nach Belieben salzen.

VINO SARDO

Sardische Weine sind außerhalb Sardiniens wenig bekannt oder selten zu kaufen, was eigentlich schade ist, denn sie sind meist sehr gut.

Der Vermentino wurde im 18. Jahrhundert auf der Insel eingeführt und die in Gadura produzierten Weine dieser Sorte tragen heute das DOCG-Siegel. Sardische Vermentino-Weine sind erfrischend mit einer leichten Note von Bittermandel. Sie schmecken gut zu vielen Fischgerichten der Insel.

VERNACCIA UND VERNACCIA DI ORISTANO DOC

Vernaccia ist eine einheimische sardische Traube. Der Name leitet sich von dem lateinischen *vernaculus* ab, was »einheimisch« bedeutet.

Vernaccia di Oristano DOC ist ein Likörwein, der nur im westlichen Teil Sardiniens produziert wird, und zwar rund um die Stadt Oristano im Tal des Flusses Tirso. Obwohl der Wein erst 1971 das DOC-Siegel erhielt, wurde er schon im Altertum angebaut und bereits in Texten aus dem 14. Jahrhundert erwähnt. Eleanora von Arborea, die Volksheldin der Sarden, brachte die Förderung und Kontrolle der Vernaccia-Produktion der Region seit dem Mittelalter voran.

Vernaccia wird ähnlich wie Sherry hergestellt: Die Trauben werden erst spät geerntet, wenn sie fast überreif sind und vor Zucker fast platzen. Der Wein wird dann in Kastanienfässern gelagert. Diese werden nicht ganz gefüllt, damit der Sauerstoff der Umgebungsluft sich auf natürliche Weise mit dem Most verbinden kann. Eine Schicht Hefe, bekannt als »Flor«, bildet sich dann auf dem Wein und gibt ihm seinen einzigartigen Geschmack. Der Vernaccia muss mindestens vier Jahre reifen.

Er wird meist als Aperitif getrunken oder den ganzen Tag über bei einem der vielen Festivals, die eigentlich zu allen Zeiten des Jahres stattfinden. Er ist schwer, voll im Geschmack und bernsteinfarben mit Bittermandelnote: Trinken Sie ihn in kleinen Sherrygläsern (er ist trügerisch stark).

Vernaccia wird vielfach auch zum Kochen benutzt, und wie sein spanischer Cousin, der Sherry, passt er besonders gut zu Meeresfrüchten. Statt Weißwein können Sie auch einen Schuss Vernaccia in ein Meeresfrüchte-Ragout oder in eine Nudelsauce geben. Träufeln Sie ihn über gebratenen Fisch – einfach köstlich. Die geröstete Mandelnote betont die Süße des Fischfleisches. Ich benutze ihn praktisch zu allem; er hat diese komplexe Säure und Schwere, die den meisten Weißweinen fehlt.

Wenn Sie keinen Vernaccia finden können, dann ersetzen Sie ihn durch einen guten Medium-Sherry (nicht zu süß und nicht zu trocken).

CANNONAU

Der Cannonau ist der bekannteste Rotwein Sardiniens, obwohl er außerhalb der Insel kaum zu finden ist. Die Traube, die in Frankreich als Grenache oder in Spanien als Garnacha bekannt ist, wurde vermutlich von den Aragoniern im 14. Jahrhundert eingeführt. Jüngste archäologische Studien haben jedoch Überreste von Weinstöcken gefunden, die rund 3200 Jahre alt sind. Das würde bedeuten, dass die Traube auf Sardinien heimisch ist und der Cannonau somit der älteste Wein im Mittelmeerraum wäre. Die Sarden sind natürlich höchst erfreut über diesen Fund.

Cannonau ist ein schwerer, kräftiger Rotwein, der wunderbar zu ebenso schweren Gerichten wie Wild, Ragout und sardischen Käsen passt. Aus der Cannonau-Traube werden meist Weine gewonnen, die sich durch ein Beerenaroma, Würze, eine angenehme Weichheit am Gaumen und einen recht hohen Alkoholgehalt auszeichnen. Um als Cannonau eingestuft zu werden, muss der Wein mindestens ein Jahr reifen und mehr als 13 Prozent Alkohol enthalten.

Die Langlebigkeit der Sarden, die ich bereits mehrfach erwähnte, wird oft dem begeisterten Genuss dieses besonderen Weins zugeschrieben. Die meisten trinken ein bis zwei Gläser Cannonau zu ihren Mahlzeiten, gelegentlich gekauft, aber häufig selbst gemacht oder von einem Freund geschenkt.

So scheint ihre Gesundheit und ihr langes Leben das zu spiegeln, was oft als »Französisches Paradox« bekannt ist: ein Phänomen (inzwischen weit erforscht), welches das Fehlen von koronaren Herzerkrankungen bei Franzosen trotz ihrer Ernährung mit gesättigten Fetten (Käse usw.) herausstellt. Meist wird dies durch den hohen Rotweinkonsum erklärt. Cannonau-Weine sind reich an Phenolen und Antioxidantien, die gut für das Herz-Kreislauf-System sind.

NUDELN UND KARTOFFELN IN BRÜHE

Minestra con le Patate

Dies ist eines von Nonna Giulias Standardgerichten. Ihr Motto *»poveri ma belli«* (was übersetzt so viel bedeutet wie »arm, aber schön«) manifestiert sich hier in essbarer Form. Es ist eines der einfachsten Gerichte, die man sich vorstellen kann. Kinder (und Erwachsene) lieben es. Es erinnert mich entfernt an Spaghettinester. Wunderbar unkompliziert und wohltuend.

Die Kartoffel ist ein einfaches, alltägliches Lebensmittel, doch sie hat einen Geschmack, der häufig nicht ausreichend geschätzt wird. Wir behandeln sie als Magenfüller oder einfach als stärkehaltige Beilage. Wenn sie wie hier zubereitet wird, dann lernen Sie ihren süßen, erdigen Charakter ganz neu kennen.

Auf Sardinien und in Nonnas Familie wird dieses Gericht mit festem salzigen Käse bedeckt, der an einen Feta erinnert. Wenn Sie möchten, können Sie ihn durch Feta ersetzen, doch auch jeder andere feste salzige Käse ist gut geeignet (Ricotta Salata, Lancashire, Parmesan oder Pecorino).

Da es sich hier um ein sehr einfaches Rezept handelt, ist es wichtig, dass alle Details Beachtung finden, wie etwa die Größe und die Art der Kartoffeln. Nonna meint, je gelber und fester die Kartoffel sei, desto besser würde das Gericht. Meistens hat sie Recht.

FÜR 4 PERSONEN

- 500 g festkochende gelbe Kartoffeln, geschält und in ½ cm große Würfel geschnitten
- ½ kleine weiße Zwiebel, geschält und fein gewürfelt
- 1 Stange Staudensellerie mit Blättern, fein geschnitten
- 5 EL Olivenöl, plus etwas mehr zum Beträufeln
- einige Stängel Petersilie
- 150 g Tomaten aus der Dose, durch ein mit Musselin ausgelegtes Sieb gestrichen, oder eine Passata
- 400 ml Brühe (Seite 185) oder eine gekaufte Gemüsebrühe von guter Qualität
- 1 Stück Parmesanrinde (wenn vorhanden; nach Belieben)
- Meersalz
- 5 EL kleine Suppennudeln, z. B. Ditalini oder in Stücke gebrochene Spaghetti
- Parmesan, Pecorino oder ein Käse nach Belieben zum Garnieren

In einem Topf bei mittlerer Hitze die gewürfelten Kartoffeln, die Zwiebel und den Sellerie in Olivenöl unter Rühren anbraten, bis sie nach 5–8 Minuten gerade bräunen. Die Petersilie hinzufügen und 1–2 Minuten mitschmoren. Nun die Tomaten, die Brühe und die Parmesanrinde untermengen. Alles etwa 20 Minuten leicht köcheln lassen, bis die Kartoffeln weich gegart sind.

Nach Belieben salzen. Die Brühe sollte bereits ausreichend gewürzt sein, bevor die Nudeln hinzugefügt werden, da sie viel Salz aufsaugen. Die Nudeln in die Brühe geben und *al dente* kochen – die Garzeit hängt von der jeweiligen Nudelsorte ab, deshalb auf die Packungsanweisung achten.

In tiefen Suppenschüsseln servieren. Mit zerkrümeltem Käse bestreuen und mit einem guten Schuss Olivenöl beträufeln.

DICKE BOHNEN MIT GUANCIALE, VERNACCIA UND MINZE

Fave con Pancetta, Vernaccia e Menta

Die Kombination von süßen, frischen Dicken Bohnen und dem Guanciale, einer Art salzigem Bacon oder Schinken, ist bestens bekannt und weltweit beliebt.

Auf Sardinien werden Dicke Bohnen mit Guanciale geschmort und lauwarm als köstliches frühsommerliches *antipasto* serviert. Am besten schmecken sie zur Erntezeit.

Manchmal gebe ich noch ein oder zwei zerteilte Tomaten hinzu, manchmal auch nicht.

FÜR 6 PERSONEN

- 2 EL Olivenöl
- 1 Knoblauchzehe, geschält und grob zerstoßen
- 60 g Guanciale (ital. luftgetrockneter Schinken), gewürfelt
- 1½ kg Dicke Bohnen, gepalt
- Meersalz
- 100 ml Vernaccia oder ein anderer trockener Weißwein
- 1 Handvoll Minzeblätter, zerkleinert

Das Olivenöl und den Knoblauch in einer tiefen Pfanne bei mittlerer Temperatur erhitzen. Sobald der Knoblauch sein Aroma freigibt, diesen herausnehmen und den Guanciale hinzufügen. Umrühren und schmoren, bis der Schinken gerade braun wird. Bohnen, 1 Prise Salz, Wein und 125 ml Wasser hinzufügen und weitere 15–20 Minuten köcheln lassen, dabei gelegentlich umrühren, bis die Flüssigkeit verdampft ist und die Bohnen wirklich weich und süß sind.

Eventuell noch würzen und mit den zerkleinerten Minzeblättern bestreuen.

DIE KUNST DES FRITTIERENS

Bis ich nach Sardinien zog, wusste ich frittiertes Essen nie zu schätzen. Natürlich liebe ich Fish and Chips, wie jede echte Britin. Ich aß sie vielleicht nur einmal im Jahr (eher aus fehlender Gelegenheit als aus fehlendem Verlangen), aber frittierte vieles während meiner Arbeit im Restaurant.

Dann zog ich nach Sardinien. Und ich lernte, auf sardische Art zu frittieren. Hier gilt es als eine Kunst. Und frittiertes Essen kommt regelmäßig auf den Tisch, und zwar so oft, dass alle Sarden, die ich kenne, ihre eigene Fritteuse besitzen. Und wenn sie die nicht haben, dann haben sie eine Gaskochplatte im Freien stehen, auf der sie frittieren können (ohne den Qualm in der Küche).

Was mich überraschte – abgesehen von der Häufigkeit, mit der Frittiertes auf den Tisch kommt –, waren Qualität und Raffinesse. Frittiert wird aus unterschiedlichen Gründen. Vor allem natürlich, weil es unglaublich schmackhaft ist, doch, und das ist noch wichtiger, ist Frittiertes auch eine Methode, um die Frische, die Saftigkeit, den Geschmack und die Zartheit einer rohen Zutat einzufangen. Frittieren ist nicht gleichzusetzen mit schwer verdaulichem paniertem Fisch und matschigen Pommes: Auf Sardinien ist Frittiertes leicht, frisch, knusprig, zart, saftig und abwechslungsreich.

Es gibt verschiedene Arten zu frittieren. Für jede Speise gibt es einen anderen Ausbackteig oder eine Panade. Es wird unterschieden zwischen Frittieren mit *pastella* – dem Ausbackteig – und Braten, bei dem die Zutaten nur in Mehl oder in Ei und Semmelbrösel gewendet werden. Genau wie bei Nudeln und den dazu passenden Saucen gibt es für jede Gelegenheit das Passende und für jede Zutat findet sich eine entsprechend knusprige Panade. Die Frittierrezepte, die ich in diesem Buch aufgeführt habe, sind nur ein winziger Teil der vielen möglichen Gerichte, aber ich hoffe sehr, Sie werden versucht sein, das Frittieren zu Hause auszuprobieren. Wenn Sie den unteren Empfehlungen folgen, gibt es keinen Grund, Angst davor zu haben.

Zuerst muss die Frage geklärt werden, welches Öl zum Frittieren genutzt wird. Eine strittige Frage, denn es gibt die Puristen (wie Nonna), die nur Olivenöl verwenden. Ich aber frittiere Speisen am liebsten in geschmacksneutralem Öl wie Sonnenblumen- oder Traubenkernöl, denn es ist billiger und bringt keinen weiteren Geschmack hinein.

Wenn ich *nudo* frittiere, also nur mit etwas Mehl bestäubt, dann nutze ich gern Olivenöl. Die frittierten Paprika mit Sardellen und Kapern (Seite 88) werden auf diese Weise zubereitet. Oft verwende ich eine Mischung aus zwei Ölen; zur Hälfte Olivenöl für den Geschmack und zur Hälfte Sonnenblumenöl wegen des Preises.

So viel also zum Öl, nun zum Teig. Meine Teigrezepte sind völlig unkompliziert. Die Mengen bleiben gleich, doch die Flüssigkeit variiert. Ob Mineralwasser, Bier oder Prosecco, die darin enthaltene Kohlensäure sorgt dafür, dass das Ergebnis besonders knusprig wird.

Hinsichtlich der Temperierung ist es am einfachsten, wenn Sie in einer hohen Pfanne oder einem Topf einfach drauflos frittieren (und z.B. keine Fritteuse verwenden) und das Öl mit einem Holzlöffel kontrollieren. Wenn Sie es erhitzen, halten Sie den Stock des Holzlöffels hinein: Wenn das Öl zu sprudeln beginnt, dann ist es bereit zum Frittieren. Wenn es stark sprudelt und anfängt zu

rauchen, dann ist es zu heiß und die Hitze muss schnellstmöglich reduziert werden. Wenn Sie eine Fritteuse verwenden, stellen Sie die auf 190 °C ein.

Das Geheimnis von goldbraunem Frittiertem liegt im Ausbacken von kleinen Portionen mit ausreichend Zwischenraum. So behält das Öl eine relativ gleichmäßige Temperatur.

Wenn Sie für viele Personen frittieren, dann stellen Sie den Backofen auf eine niedrige Temperatur ein und halten Sie das Frittierte auf einem Backblech warm, bis Sie fertig sind.

Oder Sie kaufen sich einen kleinen Fonduetopf. Ich habe Freunde in England, die einen zu Hause haben und einmal wöchentlich zu »Schnitzel und Chips« einladen. Durch Rituale wie diese können Sie sich immer auf etwas freuen. Es ist zudem eine gesellige Art zu kochen. Wenn wir frittieren, sitzen wir gemütlich zusammen und reden, während sich jeder etwas zu essen nimmt. Das ist viel informeller und lustiger, als nur kleine Häppchen zu reichen.

FRITTIERTE PAPRIKA MIT SARDELLEN UND KAPERN

Peperoni Fritti con Acciughe e Capperi

Ich habe nicht gelogen, als ich sagte, die Sarden lieben Frittiertes. Die Paprika werden dadurch wunderbar weich, samtig und süß, aber Sie erhalten ein ähnliches Ergebnis, wenn Sie sie mit reichlich Olivenöl lange im Backofen garen.

Paprika zählen ebenfalls zu Francas geliebten Antipasti und machen wirklich süchtig. Sie können sie bereits am Vortag zubereiten, dann sind sie noch besser. Sie sollten sogar einige Stunden ruhen, damit sie ihr Aroma entfalten können. Sardellen, Essig und Kapern sorgen für ein herrlich pikantes Dressing, um die Süße zu konterkarieren.

Bei Zimmertemperatur mit reichlich frischem knusprigem Brot und einigen Stücken Pecorino servieren.

FÜR 4–6 PERSONEN

- 500 ml Olivenöl zum Frittieren, plus etwas mehr zum Beträufeln
- 3 große rote Paprikaschoten, entkernt und längs geachtelt
- 8 Sardellenfilets, längs zerteilt
- 1 EL Kapern
- 1 EL Rotweinessig
- Meersalz
- Basilikumblätter zum Garnieren

In einer hohen Pfanne das Olivenöl auf mittlere Temperatur erhitzen und die Paprikastücke darin rundum frittieren, bis sie weich und leicht gebräunt sind. Herausnehmen und auf Küchenpapier gut abtropfen lassen.

Die Paprika in einer Rührschüssel mit den Sardellen, den Kapern und dem Essig mischen. Nach Belieben salzen. Wahrscheinlich ist wegen der Sardellen allerdings keines nötig. Alles gut umrühren und mindestens 1 Stunde, besser 3–4 Stunden ziehen lassen. Bei Zimmertemperatur servieren. Dazu mit frischem Basilikum bestreuen und mit dem allerbesten Olivenöl beträufeln.

GEBACKENE KRÄUTERSEITLINGE

Cardoncelli al Forno

Dieser Pilz, der den ganzen Winter über gesammelt wird, erinnert in Geschmack und Textur an einen Austernpilz. Er wird ganz einfach, doch mit viel Sorgfalt zubereitet. Da er viel Wasser enthält und dazu neigt, schleimig zu werden (alle Pilze tun das, aber der Kräuterseitling besonders), lässt er sich gut im Ganzen mit Knoblauch, Olivenöl und reichlich Salz und Petersilie im Ofen backen. Die Ränder werden knusprig und goldbraun und die Mitte weich und saftig. Perfekt als Lunch, zusammen mit frischem Brot und einem Stück Pecorino.

Auf Sardinien verfügen noch viele Haushalte über einen offenen Holzofen im Freien und das Aroma dieser Pilze kommt, auf diese Weise zubereitet, am besten heraus.

FÜR 4 PERSONEN

4 große Kräuterseitlinge oder eine Mischung aus Austernpilzen und braunen Champignons
Olivenöl extra vergine zum Einfetten und Beträufeln
2 Knoblauchzehen, geschält und klein geschnitten
1 Handvoll Petersilie, grob gehackt
Meersalz

Den Backofen auf 200 °C vorheizen.

Mit dem Backpinsel den Kräuterseitling auf der Unterseite gründlich abbürsten und mit feuchtem Küchenpapier putzen (nicht waschen!).

Eine Auflaufform leicht einfetten und die Pilze mit der Oberseite nach unten darin verteilen, sodass die Stiele nach oben zeigen. Mit Knoblauch, Petersilie und einer kräftigen Prise Salz bestreuen und mit Olivenöl beträufeln.

Die Auflaufform in den vorgeheizten Backofen stellen und die Pilze etwa 20–40 Minuten backen, bis sie außen gut gebräunt sind.

Soll das Gericht etwas gehaltvoller sein, dann noch geriebenen Pecorino und/oder Semmelbrösel über die Pilze geben.

SELLERIE-BOTTARGA-SALAT

Insalata di Sedano e Bottarga

In diesem Gericht holt jede Zutat das Beste aus der anderen hervor: knackiger, kühler in Streifen geschnittener Sellerie, kombiniert mit gut gereiften, bittersüßen, fischigen Bottarga-Scheiben. Ich habe dieses Gericht großen Zweiflern serviert – auch denen, die behaupteten, Sellerie und Bottarga zu hassen – und sie bekehrt.

Es ist ein klassischer sardischer Salat, perfekt als Vorspeise und ehrlich gesagt einer der besten Arten, Sellerie zu genießen. Er schmeckt auch gut mit rohen Artischockenscheiben.

FÜR 6 PERSONEN ALS ANTIPASTO

- 2–3 Stangen Staudensellerie in guter Qualität
- 1 Stück Bottarga
- 4 EL Olivenöl in bester Qualität
- frisch zerstoßener schwarzer Pfeffer
- knuspriges Brot oder *pane carasau* zum Servieren

Die äußeren faserigen Stiele des Staudenselleries entfernen (diese später für eine Brühe verwenden) und das knackige Innere gründlich waschen. Dieses in 3 mm dicke Halbmonde schneiden. Die Bottarga grob zerteilen. Den Sellerie auf einer Servierplatte verteilen und mit Olivenöl beträufeln. Die Bottargascheiben darauf anrichten und mit grob gemahlenem schwarzem Pfeffer würzen.

Dazu reichlich knuspriges Brot oder *pane carasau* servieren.

ARTISCHOCKEN-BOTTARGA-SALAT

Insalata di Carciofi e bottarga

Dieser Salat ist so gut wie der Sellerie-Bottarga-Salat (Seite 93) – wenn nicht sogar besser – und genauso einfach in der Zubereitung, obwohl hier die Artischocken vorbereitet werden müssen (Seite 64).

FÜR 4 PERSONEN ALS ANTIPASTO

6–8 frische Artischocken, vorbereitet und in Zitronenwasser aufbewahrt
Saft von ½ Zitrone
4 EL Olivenöl in bester Qualität
1 Prise Meersalz
½ Kopf Radicchio oder ein anderer Blattsalat
1 Stück Bottarga

Die vorbereiteten Artischocken mit einem scharfen Messer sehr fein schneiden und dann sofort mit dem Zitronensaft und dem Olivenöl mischen. Mit 1 Prise Salz würzen und alles gut vermengen. Für etwas Farbe einige zerkleinerte Blätter Radicchio hineingeben und dann den Salat auf einer Servierplatte anrichten. Die Bottarga in dünne Scheiben schneiden und auf dem Salat verteilen. Sofort servieren.

SELLERIE-BLUTORANGEN-SALAT MIT HASELNÜSSEN UND PARMESAN

Insalata di Sedano, Arancia Sanguigna, Nocciole e Pecorino

Einer der wohl erfrischendsten und köstlichsten Wintersalate der Welt. Sie merken sofort, wie Ihr Körper es Ihnen dankt.

FÜR 4 PERSONEN ALS VORSPEISE ODER BEILAGE

70 g Haselnüsse
2 Stangen Staudensellerie
2 Blutorangen
6 EL Olivenöl in bester Qualität, plus etwas mehr zum Servieren
1 Prise Meersalz
Saft von ½ Zitrone
abgeriebene Schale und Saft von 1 kleinen Bio-Orange
50 g Parmesan, gehobelt

Den Backofen auf 170 °C vorheizen.

Die Haselnüsse auf einem Backblech im vorgeheizten Ofen 8 Minuten goldbraun rösten. Beiseitestellen.

Die harten äußeren Stiele des Staudenselleries entfernen und das Innere gründlich waschen. Jeden Stiel schräg in leicht längliche Halbmonde schneiden. Die Blutorangen so großzügig schälen, dass auch die weiße Haut mit entfernt wird. Die Filets zwischen den einzelnen Trennwänden herausschneiden und in ähnlich große Stücke wie den Sellerie schneiden.

In einer Schüssel Olivenöl, Salz, Zitrussaft und -schale verrühren und den Sellerie hinzugeben. Mit den Händen mischen.

Den Sellerie auf einer Servierplatte anrichten und die Orangenstücke darauf verteilen. Mit gehobeltem Parmesan und gerösteten Haselnüssen (diese leicht zerstoßen) bestreuen. Mit zusätzlichem Olivenöl beträufeln und servieren.

KAKI, PROSCIUTTO, ENDIVIE, PECORINO UND WALNÜSSE

Cachi, Indivia, Pecorino e Noci

Eine köstliche Kombination von allem, was im Spätherbst geerntet werden kann.

Die Kakisorte, die auf Sardinien am häufigsten wächst, ist die Hachiya, die so reif wird, dass sie schon bei Fingerdruck auseinanderfällt. Der Geschmack ist schwer zu beschreiben: ein wenig Honig, ein wenig Vanille, jede Menge Süße. Sie schreit förmlich nach Säure. Hier wird sie mit Salzigem, Bitterem und Knackigem kombiniert.

FÜR 4–6 PERSONEN

2½ EL Olivenöl
22 reife Kakis
abgeriebene Schale und Saft von 1 Bio-Orange
Saft von 1 Zitrone
Meersalz
2 Köpfe Endivie oder ein anderer bitterer Blattsalat, wie Radicchio, oder eine Kombination von beidem
4–6 Scheiben Prosciutto
1 Handvoll Walnusskerne

Für das Dressing Olivenöl, Saft und Abrieb der Zitrusfrüchte sowie Salz verquirlen.

Das Fruchtfleisch aus den Kakis herauslösen und als bernsteinfarbene Kleckse auf einer Servierplatte verteilen. Die Salatblätter in einer großen Schüssel mit dem Großteil des Dressings mischen und auf die Kakikleckse geben. Diese mit dem restlichen Dressing beträufeln, die Schinkenscheiben darauf anrichten und die Walnusskerne darüberstreuen. Sofort servieren.

Foto auf der nächsten Seite →

CASU

Auf einer Insel, auf der es dreimal so viele Schafe wie Menschen gibt, mag es vielleicht kaum überraschen, dass Käse zu den wohl berühmtesten und ältesten Produkten Sardiniens gehört. Verschiedene Schafskäse werden hier seit Urzeiten hergestellt.

Seitdem hat sich in der sardischen Käseherstellung wenig verändert. Das Melken wird inzwischen aber von Maschinen übernommen, obwohl es häufig auch noch mit der Hand gemacht wird. Die Schafe streifen frei durch die Berge und der Käse wird meist mithilfe traditioneller Holzwerkzeuge hergestellt.

Auf der Insel werden unzählige Käsesorten produziert, aus Kuh-, Schafs- oder Ziegenmilch. Allerdings ist Sardinien vor allem für seinen Pecorino berühmt, ein Hartkäse aus Schafsmilch, der sich in drei Hauptsorten aufteilt: Pecorino Sardo, Pecorino Romano und Fiore Sardo. Der Pecorino Sardo schmeckt jung oder gereift am besten und hat eine gehaltvolle Süße und Tiefe, ähnlich einem alten Parmesan. Diesen Käse verwende ich meist in meinen Rezepten. Pecorino Romano (der auch im Lazio produziert wird) ist stärker, salziger und würziger. Fiore Sardo (dessen Ursprünge angeblich bis auf die Bronzezeit zurückgehen) zählt zu den ältesten sardischen Käsesorten. Er wird über Kräutern geräuchert und erhält so eine dunkle Rinde und eine starke fruchtige und rauchige Note. Auch einige der wohl ungewöhnlichsten Käse der Welt werden hier hergestellt, vor allem der *casu mazu* – an seinen Geschmack muss man sich jedoch gewöhnen. Der Name kann mit »fauler Käse« übersetzt werden, was schon auf seinen Geschmack hindeutet. Der Käse wird hergestellt, indem die sogenannte Käsefliege dazu gebracht wird, ihre Eier in einem klassischen Pecorino abzulegen. Der Käse bleibt an einem geschützten Ort, bis die Maden geschlüpft sind. Diese fressen den Käse und scheiden ihn wieder aus, sodass ein weiches, säuerliches, halb verdautes Produkt entsteht, das die Sarden sehr schätzen. Obwohl er nicht zum Verzehr zugelassen ist, wird er trotzdem häufig gegessen. Sarden glauben, dass er voll guter Sachen steckt, und viele führen ihr langes Leben auf seinen regelmäßigen Verzehr zurück.

Die Römer produzierten und aßen große Mengen Käse. Angeblich sollte er die Fruchtbarkeit erhöhen und dem Liebesspiel förderlich sein. Ob er Sie nun anregt oder nicht, es ist nicht von der Hand zu weisen, dass Käse ein wahrlich magisches Nahrungsmittel ist. Es handelt sich hier um reine Alchemie, da Käse auf einen dritten Beteiligten setzt (den Schimmel), um seine Magie zu entfalten und einen einzigartigen Geschmack zu erlangen. Auch wenn die Produktion unter strengsten Auflagen abläuft, so wird kein Käse genau gleich schmecken. Es gibt viele beeinflussende Faktoren, die ihm sein unvergleichliches Aroma geben, von der Art der Milch bis zum Futter der Kuh, des Schafs oder der Ziege, bis zu der Jahreszeit, in der er hergestellt wird.

Mit Blick auf die Küche, vor allem auf die sardische, ist Käse nach Olivenöl, Wein und Getreide das größte Geschenk für jeden Koch. Fast jedes sardische Gericht enthält Käse, ob nun herzhaft oder süß. Im Gegensatz zu vielen Italienern stört es die Sarden nicht, Käse mit Fisch zu essen.

Pecorino zählt zu den Hauptexporten Sardiniens. Er wird auf der Insel in größeren Brocken gegessen, manchmal vor einer Mahlzeit als Antipasto, manchmal nach dem Essen und üblicherweise den ganzen Tag über. Es gibt keine unpassende Tageszeit für ein Stück Pecorino. Je nach Alter kann er es mit jedem guten Parmesan aufnehmen. Er sollte auch den gleichen nussigen Geschmack haben, allerdings mit dieser unverwechselbaren Hintergrundnote vom Schaf. Es gibt wenige Rezepte, in denen beide verwendet werden (beispielsweise einige Pestos), aber ich glaube, dass die Kombination von beiden nur schwer zu übertreffen ist.

BITTERER BLATTSALAT MIT FEIGEN, SPECK UND RICOTTA

Fichi, Speck, Radicchio e Ricotta Salata

Eines sei klargestellt: Die meisten Sarden bereiten keine Salate mit Früchten zu. Die puritanische Einstellung zum Essen bedeutet, dass Bestandteile im Salat kaum über Zitronensaft und Essig hinausgehen. Ein Salat auf Sardinien ist meist ein grüner Blattsalat mit einem Dressing aus Olivenöl und Salz. Er ist köstlich – das Öl ist einfach so gut.

Doch im Vorwort zu diesem Buch habe ich bereits ausgeführt, dass das Kochen generell voller Widersprüche ist. Rezepte werden von Menschen gemacht und Menschen sind widersprüchliche Wesen. Sarden lieben es, salzigen rohen Schinken mit einer süßen Melone oder einer sonnengereiften, klebrigen Feige zu kombinieren. Ich habe diesen Gedanken hier aufgenommen und in ein Salat-Ensemble übersetzt.

Ich liebe Früchte im Salat und ich bereite solche süß-herzhaften Kombinationen oft zu. Sie werden (meist) gut aufgenommen, trotz einiger grummelnder Bemerkungen über »seltsame« Engländer und ihr »wirres« Essen, doch ich glaube, so etwas gehört dazu. Dieser Salat feiert einige der besten Zutaten und gehört zu meinen Lieblingsspeisen, wenn die Feigen reif sind. *Vive la révolution!*

FÜR 4–6 PERSONEN

- abgeriebene Schale und Saft von 1 kleinen Bio-Zitrone
- 1 kräftige Prise Meersalz
- 1 TL Honig
- 6 EL Olivenöl extra vergine in bester Qualität, plus etwas mehr zum Garnieren
- 6 reife schwarze Feigen
- 1 Kopf Radicchio oder ein anderer bitterer Blattsalat, Blätter abgetrennt
- 1 Bund Feldsalat oder ein anderer kleinblättriger grüner Salat nach Belieben
- 60 g Ricotta Salata, gehobelt
- 6 Scheiben Speck oder Schinken

Für das Dressing Saft und Abrieb der Zitrone, Salz, Honig und Olivenöl verrühren.

Die Feigen aufschneiden und auf einer Servierplatte anrichten. Die Salatblätter mit dem Dressing mischen und auf den Feigen verteilen. Den Ricotta darüberstreuen und die Speckscheiben darauf garnieren. Mit zusätzlichem Olivenöl beträufeln und servieren.

SOMMERSALAT MIT BOHNEN, KARTOFFELN, OLIVEN, THUNFISCH, TOMATE UND BASILIKUM

Insalata Estiva di Fagiolini, Patate, Olive, Tonno, Basilico e Pomodori

Eine Art sardischer Niçoise und eine Hommage an den Spätsommer. Thunfisch ist köstlich, doch wenn der Salat etwas mehr Farbe bekommen soll, dann ersetzen Sie ihn durch Garnelen. Perfekt für einen einfachen sommerlichen Lunch mit einem Glas Vermentino. Die Bohnen sollten in Salzwasser weich gegart werden, damit sie nicht quietschen.

FÜR 4 PERSONEN

- 200 g neue Kartoffeln, gegart, ausgekühlt und gepellt oder nicht gepellt
- 4 große reife Tomaten
- ½ Knoblauchzehe, geschält
- 1 Prise Meersalz
- 3 EL Rotweinessig
- 8 EL Olivenöl in bester Qualität
- 200 g grüne Bohnen, in Salzwasser gegart und ausgekühlt
- 1 Handvoll Oliven (nach Wahl)
- 200 g Thunfisch oder gegarte Garnelen
- 1 Handvoll Basilikumblätter

Die Kartoffeln und die Tomaten in gleich große Stücke oder Scheiben schneiden, je nach Vorliebe.

Für das Dressing die Knoblauchzehe sehr klein schneiden und mit Salz, Essig und Olivenöl verrühren.

Kartoffeln, Tomaten, Bohnen, Oliven und Thunfisch (oder Garnelen) in eine Schüssel geben und mit der Hälfte des Basilikums bestreuen. Das Dressing darüber verteilen und alles mit den Händen mischen. Auf einer Salatplatte anrichten und mit dem restlichen Basilikum bestreuen.

VIER

GRANO

Ravioli mit Birne, Pecorino und Ricotta • Kürbis-Ricotta-Ravioli mit Salbeibutter • *Der Geschmack von Sonne und Erde* • Linguine mit Bottarga und Venusmuscheln • Spaghetti mit Bottarga in zwei Variationen • Malloreddus mit Wurstragout • Malloreddus mit Schaffleischbrühe und Pecorino • Linas Culurgiones • *Eine Sauce für alle Jahreszeiten* • Tomatensauce in drei Variationen • Linguine mit Zitrone, Basilikum, Pecorino und Mascarpone • Trofie Pesto, Thunfisch und Tomaten • Nudeln mit Butter und Salbei • Rotwein-Radicchio-Risotto mit Sapa • Fregola mit Venusmuscheln und Fenchel • Safran-Risotto mit Orange und Mascarpone • Perfekte Polenta • Polenta-Auflauf mit Würsten und Tomatensauce • *Von Kräutern und Unkräutern* • Kichererbsen mit Wildfenchel und Schinken • Linsen-Kastanien-Suppe mit Ricotta und Salbei • Eier in Tomatensauce mit Notenpapierbrot

GRANO

Unterschiedliche Getreidesorten haben die mediterrane Küche schon immer entscheidend geprägt. Sie liefern wichtige Nährstoffe und Energie und sind Grundnahrungsmittel der einfachen Küche. Sardinien hat eine reiche Tradition an besonderen Nudeln und Getreidesorten, die häufig als Hauptgrund für das lange Lebensalter der Inselbewohner genannt werden.

Zu den wohl wichtigsten Produkten Sardiniens gehört *semola*: Ein Produkt aus Hartweizen, das zu einem sandigen »Mehl« vermahlen und als Hartweizengrieß bekannt ist. Diese Weizenart wird in ganz Italien angebaut. Weil der Weizen so »hart« ist, bleibt beim Mahlen das stärkehaltige Endosperm (Nährgewebe im Pflanzensamen) intakt. Dieses ist gelb und verleiht Nudeln ihre goldene Farbe. Hartweizen wird für fast alle Nudelarten auf Sardinien verwendet. Im Gegensatz zu anderen Teilen Italiens ist es auf der Insel fast unmöglich, Nudeln aus fein gemahlenem Mehl Type 00 (entspricht Type 405) und frischen Eiern zu finden. Frische Nudeln bestehen hier meist aus einem einfachen Teig mit Hartweizengrieß und Wasser (Seite 128). Auch das ist ein Erbe aus der Armut, denn Eier galten als viel zu teuer. Ich bereite fast nie frische Eiernudeln zu, denn mir sind sie zu gehaltvoll. Doch es gibt immer wieder Gelegenheiten, da passen sie einfach perfekt zu einer bestimmten Sauce und dann lohnt sich ihre Zubereitung (Seite 112). Ich esse mehr Trockennudeln, denn sie sind vielseitig und günstig und ich mag ihre Konsistenz. Sie stellen ein Grundnahrungsmittel der sardischen Küche dar. Gute Trockennudeln werden ausschließlich aus Hartweizen hergestellt; sie sollten eigentlich immer aus dieser Zutat bestehen, die gemahlen *semola di gran duro* genannt wird. Sie enthält viel Eiweiß und hat einen geringeren glykämischen Index als weiche Weizenarten. Zudem lassen sich daraus die besten Nudeln herstellen, denn der Hartweizengrieß enthält viel Stärke, weshalb die Nudeln beim Kochen nicht zusammenkleben – und sie schmecken einfach besser.

Fregola ist eine typisch sardische Nudelart. Sie wird hergestellt, indem kleine granulat-ähnliche Kügelchen aus Hartweizengrieß mit Wasser gemischt und gerollt werden. Die Kügelchen werden im Backofen leicht geröstet, sodass sie ein wunderbares Röstaroma und die typische sandbraune Farbe bekommen.

Die wahre Herkunft der Fregola ist unbekannt, obwohl man annimmt, dass die Sarden die Methode von der nordafrikanischen Couscous-Herstellung übernommen haben könnten.

REIS UND HÜLSENFRÜCHTE

Reis gedeiht gut auf Sardinien und er wird auf ähnliche Weise wie Risotto zubereitet: zuerst mit etwas Butter oder Öl und etwas Zwiebeln geröstet, bevor dann nach und nach Flüssigkeit zugegossen wird. Dabei wird ständig gerührt, damit der Reis die Flüssigkeit auch aufnimmt.

Polenta (Maismehl) ist eine weitere getreidehaltige Zutat, die in den meisten sardischen Küchen zu finden ist. Sie genießt keinen guten Ruf, leider völlig zu Unrecht. Sie kann entweder unheimlich fad oder überragend gut sein, je nachdem, wie man sie zubereitet. Ich liebe Polenta! Sie ist günstig, sättigend und das ultimative Wohlfühlessen.

Schließlich gibt es noch die in der sardischen Küche verbreiteten Linsen und Bohnen. Getrocknete Dicke Bohnen (Favabohnen) sind im Winter ein Grundnahrungsmittel und auch Cannellini-Bohnen sowie frische oder getrocknete Borlotti-Bohnen findet man häufig. Kichererbsen sind in den kälteren Monaten die Basis für nahrhafte Bowls.

HINWEIS

Reste der Füllung können tiefgefroren und später verwendet werden.

RAVIOLI MIT BIRNE, PECORINO UND RICOTTA

Ravioli di Pera, Pecorino e Ricotta

Basierend auf einem brillanten Rezept von Emiko Davies, sind diese Ravioli überraschend lecker und werden jeden Skeptiker von süßen und salzigen Kombinationen überzeugen.

Die Füllung lässt sich gut im Voraus zubereiten und hält sich einige Tage im Kühlschrank.

Die Ravioli können ganz schlicht mit Olivenöl, frischem Basilikum (im Sommer) und etwas zusätzlichem Käse serviert werden, aber noch besser sind sie im Winter mit gerösteten Walnüssen und Salbeibutter (Seite 112).

FÜR 6 PERSONEN

3 Birnen, geschält, halbiert und entkernt
1 EL brauner Zucker
abgeriebene Schale von ½ Bio-Zitrone
350 g Ricotta
100 g Pecorino, gerieben, plus etwas mehr zum Garnieren
Meersalz
1 Portion frischer Eiernudelteig (Seite 112)
Hartweizengrieß zum Bestäuben
Salbeibutter (Seite 112)
1 Handvoll Walnusskerne, geröstet

In einem kleinen Topf die Birnen in wenig Wasser mit dem Zucker und der Zitrone etwa 10 Minuten sehr weich garen. Auskühlen lassen und anschließend in kleine erbsengroße Stücke schneiden.

In einer kleinen Schüssel die Birnenstücke mit dem Ricotta, dem Pecorino und einer kräftigen Prise Meersalz verrühren und eventuell noch etwas nachsalzen. Die Mischung sollte gut gewürzt sein, denn der Ricotta saugt das Salz auf.

Den Nudelteig in 4 Stücke schneiden und jedes Stück mit der Nudelmaschine oder dem Teigroller zu einem langen breiten Streifen ausrollen, der so dünn ist, dass Sie Ihre Hand darunter erkennen können. Die Arbeitsfläche immer wieder mit Hartweizengrieß bestreuen, damit der Teig nicht klebt, ebenso ein Backblech für die Ravioli.

Die Teigstreifen längs auf der Arbeitsplatte auslegen. Mit einem Spritzbeutel oder einem Teelöffel walnussgroße Kleckse der Füllung im Abstand von 5 cm in die Mitte der breiten Nudelstreifen setzen. Jeden Streifen nochmals in Abschnitte mit jeweils 3 Ravioli unterteilen. Die untere Hälfte mit ein wenig Wasser einpinseln und die obere Hälfte der Nudelplatte über die Füllung klappen. Mit den Handflächen vorsichtig festdrücken und die Ränder der Ravioli gut verschließen. Je nach Belieben in Halbmonde oder Quadrate schneiden. Auf ein Backblech legen und 30 Minuten kühl stellen.

Anschließend einen großen Topf mit Salzwasser zum Kochen bringen. Die Salbeibutter in einer Pfanne vorbereiten. Diese sollte groß genug für alle Ravioli sein. Die gefüllten Nudeln 3–4 Minuten in kochendem Salzwasser garen, bis sie an die Oberfläche steigen.

Mit dem Schaumlöffel aus dem Wasser heben und in die Pfanne zur Salbeibutter geben. Umrühren, sodass sie rundum von der Butter bedeckt sind. Die Ravioli mit den gerösteten Walnüssen und geriebenem Pecorino bestreuen und sofort servieren.

KÜRBIS-RICOTTA-RAVIOLI MIT SALBEIBUTTER

Ravioli di Zucca e Ricotta con Burro Caramellato e Salvia

Es kommt nicht häufig vor, dass ich frische Eiernudeln zubereite, aber die Mühe lohnt sich jedes Mal. Die süße, erdige, kräftig orange Füllung verspricht pures Wohlgefühl. Wenn Sie wollen, dann können Sie noch einige geröstete Hasel- oder Walnüsse darüberstreuen.

Dieses Rezept gehört zu den aufwendigsten Gerichten im Buch, doch die Ravioli lassen sich gut einfrieren, und wenn Sie eine große Portion zubereiten, dann zaubern Sie im Handumdrehen ein Essen auf den Tisch, wenn mal unerwartet Gäste kommen.

FÜR 6 PERSONEN

Für den Nudelteig

250 g Mehl Type 405
3 Eigelb (Bio-Eier Größe M)
2 Bio-Eier (Größe M)

Für die Füllung

1 großer Kürbis (ich verwende gerne Hokkaido-Kürbis), geschält, entkernt und in Spalten geschnitten
Meersalz
2 getrocknete Chilischoten, zerstoßen oder 1 gehäufter TL Chiliflocken
6 EL Olivenöl
abgeriebene Schale von 1 Bio-Zitrone
250 g Ricotta
80 g Parmesan, gerieben
1 Portion Nudelteig (siehe oben)
Hartweizengrieß zum Bestäuben

Für die Sauce

150 g Butter
8–10 Salbeiblätter
40 g Parmesan, gerieben, plus etwas mehr zum Garnieren

Für den Nudelteig die Zutaten vermengen, entweder mit der Hand, mit einem Löffel oder mit dem Mixer. Alles mindestens 10 Minuten lang zu einem glatten, gleichmäßigen Teig verkneten. In Frischhaltefolie wickeln und gut 30 Minuten ruhen lassen.

Den Backofen auf 180 °C vorheizen.

Für die Füllung den Kürbis auf einem Backblech mit 1 Prise Salz, Chili und Olivenöl mischen. Im vorgeheizten Backofen rösten, bis der Kürbis nach etwa 40–50 Minuten weich und karamellisiert ist. Vollständig auskühlen lassen.

Den gegarten Kürbis in einer Schüssel mit der Gabel zerdrücken und Zitronenabrieb, Ricotta und Parmesan untermischen. Eventuell noch würzen oder nach Belieben etwas Chili hinzufügen und beiseitestellen.

Den Nudelteig halbieren und mit der Nudelmaschine (falls nötig, noch etwas Mehl unterkneten) sehr dünn ausrollen, sodass Ihre Hand darunter durchscheint. Einen Streifen Teig auf eine mit Mehl bestäubte Arbeitsfläche legen. Von der Füllung jeweils walnussgroße Stücke im Abstand von 5 cm mitten auf den Teigstreifen setzen. Den Rand mit ein wenig Wasser anfeuchten und die obere Hälfte über die untere klappen, dabei mit den Fingern die Ränder fest zusammendrücken. Die Ravioli schneiden und auf ein mit Hartweizengrieß bestreutes Backblech legen. Im Kühlschrank bis zur Verwendung kühl stellen.

Die Sauce zubereiten, während die Nudeln garen. Dafür die Butter bei mittlerer Hitze in einer flachen Pfanne zerlassen, die Salbeiblätter hineingeben und darin braten, bis sie gerade braun werden.

Während die Butter für die Sauce schmilzt, einen großen Topf mit Salzwasser zum Kochen bringen. Die Ravioli darin 2–3 Minuten garen, bis sie an die Oberfläche steigen.

Sobald die Butter für die Sauce gebräunt ist, eine Kelle Nudelkochwasser hinzugeben, die Hitze reduzieren und alles gut umrühren. Den Parmesan zufügen und bei geringer Hitze rühren, bis die Sauce gut gebunden ist.

Die Nudeln mit dem Schaumlöffel aus dem Wasser heben und in die Sauce geben. Mit Parmesan bestreuen und servieren.

HINWEIS

Reste der Füllung können tiefgefroren und später verwendet werden.

DER GESCHMACK VON SONNE UND ERDE

Die italienische Liebe zu Pasta ist der Inbegriff der Leidenschaft für ihre Küche im Allgemeinen: Eine einfache Zutat wird so liebevoll behandelt, mit unendlicher Sorgfalt gekocht und so zu etwas ganz Besonderem gemacht. Luca fasste es auf seine unnachahmliche Art zusammen, als er vor Kurzem einen Teller Nudeln *al pomodoro* kochte. Wir waren in Eile und er bereitete in aller Schnelle die Sauce zu. Als er mir den Teller mit einer erhobenen Hand servierte, sagte er: »Ahhh, Letiiiiizia – nur damit du es weißt – ich habe dies mit der 'and, nicht mit dem 'erzen gemacht!« Nudeln werden in Italien einfach (fast) immer mit dem Herzen zubereitet.

Sie sind nicht nur günstig, köstlich, schnell gegart und einfach zubereitet, sie sind auch, dank ihrer besonderen Form, ein hübsch anzusehendes Nahrungsmittel. Es gibt kein anderes Essen, das derart gute Laune macht. Jede Form ist Kunst und ein echtes Fest, sei es ein Schmetterling (*farfalle*), eine Muschel (*conchiglie*), eine Schnecke (*lumache*), Öhrchen (*orecchiette*) oder Heizkörper (*radiatori*). Nudeln in allen Formen und Größen sind ein Beleg für Finesse, Kreativität und Können. Italien kennt 350 bis 500 unterschiedliche Nudelformen, sie reichen von erhabenen (*su filindeu* – »Fäden der Götter«) bis zu lächerlichen (Nudeln in Penisform, die an allen touristischen Hotspots Italiens angeboten werden).

Auf Sardinien sowie in ganz Italien ist die Nudel genauso wichtig wie die Sauce. Die Nudel ist nicht nur Trägersubstanz – sie ist wesentlicher Bestandteil des fertigen Gerichts. Bei der richtigen Menge Sauce sollten Sie neben dieser auch die Nudeln schmecken können. Ich bin immer wieder überrascht, wenn Leute sagen, Nudeln seien nur ein Magenfüller und hätten keinerlei Eigengeschmack. Das ist so, als behaupte man, Brot sei geschmacklos. Nudeln schmecken nach dem milden Gold von Getreide und Brot. Sie schmecken nach Sonne und Erde.

Beim Kochen der Nudeln müssen Sie einen großen hohen Topf mit kochendem Salzwasser – »so salzig wie das Meer« – verwenden. Ich koche Nudeln meist 2 Minuten kürzer als auf der Packung angegeben, damit sie perfekt *al dente* sind, so wie ich sie mag. Sie sollten noch Biss haben, aber nicht roh oder matschig schmecken. Eine kleine Tasse mit Nudelwasser sollte nach dem Kochen beiseitegestellt werden. Die Sauce bereiten Sie separat in einem ausreichend großen Topf zu, der noch Platz für die Nudeln bietet. Diese kommen abgetropft in die Sauce und werden mit etwas Nudelwasser gründlich untergemischt. Mit dem Kochen, Umrühren und Probieren fahren Sie fort, bis sich Nudeln und Sauce vermischt haben. Die Nudeln sollten von der Sauce überzogen sein und nicht darin schwimmen. Ich habe Köche kennengelernt, die darauf schwören, dass Nudeln mindestens 20 Mal gemischt werden. Sie merken, wenn sie ausreichend Sauce haben. Wenn sie dicksämig, aber nicht flüssig ist, sieht das Ganze irgendwie fertig aus. Nonna sagt, dass Nudeln nicht fertig seien, bevor sich das Umrühren in Sauce nicht matschig anhören würde; ein lustiges Geräusch, das sie zum Lachen bringt.

In Italien werden Nudeln *al dente* gekocht, auch wenn das von Region zu Region und von Haushalt zu Haushalt unterschiedlich ist. Lucas Familie kann lang und breit über das Thema diskutieren. Giuseppe, Lucas Vater, schiebt häufig einen Teller mit *stracotto*-Nudeln (zu lange gekocht) voller Abscheu beiseite, wenn Franca sie versehentlich einige Sekunden zu lange gekocht hat, doch er beschwert sich auch über Lucas eher *al dente* gekochte Nudeln, die *duro* (zu hart) seien. Das perfekte *al dente* ist relativ und das menschliche Wesen widersprüchlich und das bedeutet, dass es so etwas wie Nudeln *al dente* überhaupt nicht gibt. Doch es gibt ganz sicher eine korrekte Garstufe, die zwischen *stracotto* und *duro* liegt.

In Italien ist es nicht unüblich, gefragt zu werden, wie viel Gramm Nudeln man essen wolle. Die Tatsache, dass man sich nach dem Verzehr von Nudeln oft aufgebläht oder übersättigt fühlt, liegt einfach an der Menge. Nach einer großen Portion Nudeln fühlt sich jeder aufgebläht und mehr als satt. Ich nehme am liebsten 80–100 g Nudeln pro Person. 80 g, wenn es ein *primi* ist, und 100 g für ein *secondo*. Wenn ich einen Kater habe, dann dürfen es auch 250–300 g für mich sein, obwohl ich die Folgen kenne.

LINGUINE MIT BOTTARGA UND VENUSMUSCHELN

Linguine con Bottarga e Arselle

Das wäre vermutlich mein Gericht für die berühmte einsame Insel. Ich glaubte nicht, dass man Linguine mit Venusmuscheln noch besser zubereiten könnte, bis ich ihre fischige, quirlige sardische Verwandte kennenlernte.

Ich aß zum ersten Mal *Spaghetti alla Vongole* (traditionell werden Venusmuscheln mit Linguine oder Spaghetti serviert) während meiner Studienzeit in Venedig und erinnere mich an die große, dampfende ovale Servierplatte, die mitten auf den Tisch gestellt wurde. Darauf war ein blasser Haufen Spaghetti, einige Kleckse Chili und Petersilie und darauf verteilt lagen kieselstein-ähnliche Venusmuscheln. Der Kellner nahm zwei Gabeln und drehte, hob und portionierte die Nudeln mit der den italienischen Kellnern eigenen Dramatik, wobei die Muscheln klirrend auf unseren erwartungsvollen Tellern landeten.

Es roch wundervoll, doch für meine englischen Augen schien es etwas wenig »Sauce« zu geben. Dann probierte ich einen Bissen und erkannte unmittelbar, dass der süß-salzige Saft der Venusmuscheln, mit Knoblauch aromatisiert und mit ein wenig Chili gespickt, die himmlischste Sauce überhaupt war. Die sardische Variante ist eine Hommage an dieses Gericht, lediglich mit Bottarga verfeinert.

Bottarga kann, wie Speck oder Parmesan, jedes Gericht mit einem pikanten herzhaften umami-Geschmack bereichern. Sie ist quasi die fischige Variante des Parmesans: So wie Sie geriebenen Käse zu einer Nudelsauce mit Fleisch oder Gemüse geben, so streuen Sie geriebene Bottarga über eine Sauce mit Fisch.

Die Portion hier ist für ein Hauptgericht berechnet – es ist einfach zu gut, um in kleinen Mengen als *primo* serviert zu werden, das finde ich jedenfalls.

FÜR 4 PERSONEN

Meersalz
400 g Linguine
10 EL Olivenöl in bester Qualität
2 Knoblauchzehen, geschält und halbiert
1 kräftige Prise getrocknete Chiliflocken
800 g Venusmuscheln, gesäubert, geöffnete oder beschädigte Exemplare entfernt
90 ml Weißwein
1 Handvoll glatte Petersilie, grob gehackt
3 EL frisch geriebene Bottarga

Salzwasser in einem großen Topf aufkochen. Die Linguine hineingeben.

Inzwischen die Hälfte des Olivenöls in einem zweiten Topf auf mittlere Temperatur erhitzen und die Hälfte des Knoblauchs darin andünsten. Sobald dieser anfängt zu brutzeln und aromatisch duftet, den Chili und die Muscheln hinzufügen. Gut umrühren, damit die Muscheln vom Öl überzogen werden. Dann den Wein hineingießen, die Hitze auf höchste Stufe stellen und einen Deckel auflegen. Etwa 1 Minute warten, den Topf zwischendurch schütteln, den Deckel abnehmen und die Sauce bei mittlerer Hitze noch etwas einkochen lassen.

Nun die Nudeln abgießen (sie sollten schön *al dente* sein), dabei eine kleine Tasse Nudelwasser beiseitestellen.

Die Petersilie, etwas Nudelwasser und das restliche Olivenöl zu den Muscheln geben. Alles kräftig umrühren und den Topf schütteln und schwenken, damit sich die Sauce mit den untergemengten Nudeln verbindet. Wenn das Ganze zu trocken aussieht, noch etwas Nudelwasser hinzugießen.

Zum Schluss mit der geriebenen Bottarga bestreuen und den Topf erneut kräftig schwenken, damit sich alles zu einer cremigen Sauce verbindet.

Mit einem Glas gekühlten Weißwein servieren.

HINWEIS

Im Prinzip ist die Venusmuschelsauce im Handumdrehen zubereitet, aber wenn Sie Angst haben, dass sie nicht rechtzeitig fertig ist, dann können Sie sie gut im Voraus zubereiten und von der Herdplatte nehmen. Venusmuscheln verzeihen einiges und können auch mal 10 Minuten (in ihrer Flüssigkeit) warten, während Sie Ihre Nudeln genau im Auge behalten. Wenn diese perfekt *al dente* sind, können Sie beides mischen. Die Nudeln werden die Muscheln wieder ausreichend erwärmen. So mache ich es häufig.

SPAGHETTI MIT BOTTARGA IN ZWEI VARIATIONEN

Spaghetti alla Bottarga

Es gibt so viele Möglichkeiten *spaghetti alla bottarga* zuzubereiten wie es Köche auf Sardinien gibt. Einige glauben alles andere als eine halbe Knoblauchzehe und ein wenig gutes Öl wäre schon zu viel – es mag nicht überraschen, dass Luca dieser Partei angehört –, während andere Sarden Butter, schwarzen Pfeffer und Tomaten hinzufügen.

Für mich gibt es weder gut noch schlecht und wenn Sie sowohl Bottarga als auch Spaghetti mögen, dann schmeckt Ihnen jede Variation. Die Gerichte auf der nächsten Seite sind zwei meiner Lieblinge.

SPAGHETTI MIT BOTTARGA UND TOMATEN

Spaghetti alla Bottarga con Pomodorini

FÜR 4 PERSONEN

200 g Kirschtomaten
2 Knoblauchzehen, geschält und fein gehackt
1 kleine getrocknete rote Chilischote, zerstoßen
4 EL Olivenöl extra vergine in bester Qualität, plus etwas mehr zum Garnieren
Meersalz
400 g Spaghetti
1 Handvoll Petersilie, gehackt
100 g Bottarga, fein gerieben, plus etwas mehr zum Garnieren

Die Tomaten halbieren und die Samen entfernen. Mit dem gehackten Knoblauch, dem getrockneten Chili, Olivenöl und 1 Prise Salz in einer Schüssel mischen und 20 Minuten durchziehen lassen.

Salzwasser in einem großen Topf zum Kochen bringen, die Spaghetti hineingeben und garen, bis sie *al dente* sind.

Die Tomaten in einem Topf, der groß genug für alle Zutaten ist, erwärmen. Die Nudeln abtropfen lassen und zu den Tomaten geben. Die Petersilie unterrühren und den Topf kräftig hin- und herschwenken. Nun die Bottarga unter Rühren hineinstreuen und alles zu einer dicksämigen Sauce verrühren. Mit zusätzlich geriebener Bottarga und einem Schuss Olivenöl anrichten.

SPAGHETTI MIT BOTTARGA, KNOBLAUCH UND CHILI

Spaghetti alla Bottarga con Aglio e Peperoncino

Bei diesem unglaublich einfachen Gericht ist es besonders wichtig, dass die Pasta *al dente* ist. Die Sarden behaupten, dass dies hilft, die Balance mit der gehaltvollen Bottarga herzustellen – und sie haben recht. Die Bissfestigkeit der Pasta ist hier essentiell.

FÜR 2 PERSONEN

Meersalz
200 g Spaghetti
3 EL Olivenöl in bester Qualität, plus etwas mehr zum Beträufeln
1 Knoblauchzehe, geschält und halbiert
1 kleine getrocknete rote Chilischote, zerstoßen
50 g Bottarga, fein gerieben

Salzwasser in einem großen Topf zum Kochen bringen und die Spaghetti hineingeben. Garen, bis sie *al dente* sind.

Inzwischen in einem großen Nudeltopf das Olivenöl erhitzen und den Knoblauch darin bräunen. Den Topf vom Herd nehmen, Chili hinzufügen und alles beiseitestellen.

Die Spaghetti abtropfen lassen (etwas Nudelwasser aufbewahren) und in den Topf mit Olivenöl, Knoblauch und Chili schütten. Bei geringer Hitze erwärmen und die Bottarga, 1–2 Spritzer Nudelwasser und zusätzlich etwas Olivenöl hinzufügen.

Gründlich verrühren, bis die Sauce eine schöne sämige Konsistenz hat. Sofort servieren.

MALLOREDDUS MIT WURSTRAGOUT

Malloreddus alla Campidanese

Dies ist eines der klassischsten sardischen Gerichte. Malloreddus sind kleine, gerillte Nudelbällchen, in vielen Teilen Sardiniens noch immer mit der Hand geformt und als sardische Gnocchi bekannt.

Sie werden aus zwei Teilen Hartweizengrieß und einem Teil Wasser hergestellt. Traditionell kommt noch 1 Prise Safran in den Teig, durch den er seine schöne gelbe Farbe erhält, so als wäre er mit Eiern zubereitet worden; eine Tradition, die auf eine Zeit zurückgeht, als Eier auf Sardinien teurer waren als Safran. Die Nudeln sind so einfach in der Zubereitung, dass Sie sich keine Gedanken machen müssen. Die Tatsache, dass keine frischen Zutaten erforderlich sind, nur etwas Mehl aus dem Vorratsschrank und Leitungswasser, machen diese Nudeln zu einem perfekten Lückenfüller, wenn der Kühlschrank mal leer ist. Der Teig ist elastisch und verzeiht auch Fehler bei der Zubereitung und, noch besser, Sie brauchen nicht einmal eine Nudelmaschine.

Die traditionelle Form der Malloreddus ergibt sich, wenn die Teigstücke in einem sardischen Weidenkorb hin- und hergeschwenkt werden, obwohl heute vielfach auch ein Gnocchi-Brett verwendet wird. Ansonsten tun es auch die Zinken einer Gabel. Die Rillen sind notwendig und wichtig, denn sie sollen die sämige Sauce aufnehmen. Diese ist nach der großen Ebene von Campidano benannt und ist das Gegenstück zur geliebten Bolognese.

Wie alle guten Ragouts ist es sättigend, herzhaft und gehaltvoll. Das Fett sorgt für Geschmack und ihre Tiefe erhält die Sauce von einer guten fetthaltigen Wurst. Die Tomaten werden langsam zu einer süßen und sämigen Grundsauce verkocht, während Safran und Chili die scharfen und würzigen Noten liefern.

Ich bin allgemeinhin kein großer Fan von Würsten und bereite sie auch selten zu. Vor allem, weil die meisten blass, labberig und ohne Geschmack sind. Eine gute Wurst sollte die Farbe von Salami haben, dunkel und fett und zu gleichen Teilen aus Fleisch und Fett bestehen. Auf Sardinien enthalten die Würste meist viel Fleisch.

Suchen Sie nach den besten Würsten, die Sie finden können – fleischig und fettig zugleich. Bratwürste, Toulouser oder toskanische Würste sind eine gute Wahl.

FÜR 6 PERSONEN

Für die Malloreddus

300 g feiner Hartweizengrieß, plus etwas mehr zum Bestreuen
1 Prise Meersalz
1 Prise Safranfäden

Für die Malloreddus alle Zutaten mit 150 ml Wasser mischen und entweder mit der Hand oder mit dem Mixer zu einem schönen glatten Teig verarbeiten. Unter einem Küchentuch 30 Minuten ruhen lassen – ich nutze die Zeit zum Aufräumen.

Den Teig in 5 gleich große Stücke teilen und diese zu langen 1 cm breiten Würsten ausrollen. Dann jede Teigrolle in 1 cm breite Bällchen schneiden.

Wenn der Teig zu weich oder klebrig ist, noch etwas Hartweizengrieß unterkneten.

Jedes kleine Bällchen in der Mitte flach drücken und über einen Gabelrücken oder ein Gnocchi-Brett rollen. Auf einen mit Hartweizengrieß bestreuten Teller legen.

Sie können die Malloreddus nun direkt verwenden oder im Kühlschrank aufbewahren, wo sie sich bis zu 1 Monat halten.

Oder Sie lassen sie in der Sonne oder im Backofen bei geringer Hitze vollständig trocknen und bewahren sie anschließend in einem luftdicht verschlossenen Behälter auf – halten fast ewig!

Für die Sauce

1 große weiße Zwiebel, geschält und gewürfelt
2 Knoblauchzehen, geschält und klein geschnitten
4 EL Olivenöl
4 frische Lorbeerblätter
1 kleine getrocknete Chilischote, zerstoßen
1 Prise Safranpulver
300 g Wurstbrät
2 x 400 g Tomaten aus der Dose
100 ml Weißwein, möglichst Vernaccia
Meersalz
150 g Pecorino, gerieben, plus etwas mehr zum Garnieren
Petersilie, klein gehackt, zum Garnieren

Für die Sauce in einem großen hohen Topf die Zwiebel und den Knoblauch bei mittlerer Hitze in Olivenöl anbraten, bis sie nach etwa 10 Minuten weich und gerade gebräunt sind. Lorbeerblätter, Chili, Safran und in kleine Stücke geteiltes Wurstbrät hinzufügen. Unter Rühren weiterbraten, bis das Brät gar und goldbraun ist. Tomaten, Wein und einige Spritzer Wasser hinzufügen und alles mindestens 40 Minuten köcheln lassen. Zwischendurch immer wieder umrühren und das Brät mit dem Löffelrücken zerdrücken. Mit Salz würzen.

In einem zweiten Topf Wasser zum Kochen bringen und salzen. Die selbst gemachten Malloreddus 1–2 Minuten darin garen, bis sie an die Oberfläche steigen. Herausheben und zusammen mit einer Kelle Nudelwasser in die Sauce geben. Den geriebenen Pecorino hinzufügen und vorsichtig umrühren, bis alle Nudeln mit Sauce überzogen sind. Noch 1 Minute weiterköcheln lassen, bis die Sauce schön glatt ist.

In flache Schalen füllen und mit Pecorino und Petersilie bestreuen.

MALLOREDDUS MIT SCHAFFLEISCHBRÜHE UND PECORINO

Malloreddus con Pecora e Pecorino

Wenn es ein Gericht gibt, das für mich den Inbegriff von Sardinien darstellt, dann ist es dieses hier – und es ist zugleich eine Ode an das Schaf. Wunderbar einfach, benötigt das Gericht lediglich drei Zutaten: Schaffleischbrühe, Nudeln und Käse.

Es ist eine Spezialität aus der Region Nuoro und ich aß es dort zum ersten Mal, gekocht von einem örtlichen Schäfer. Fabrizio sah aus, als wäre er direkt der Bibel entstiegen. Das Fleisch stammte von einem seiner Schafe und er hatte auch den Pecorino selbst gemacht. Es war und ist eine der besten – und bescheidensten – Mahlzeiten, die ich jemals gegessen habe.

Traditionell werden nach den Nudeln das *Pochierte Schaffleisch mit Gemüse* (Rezept Seite 182) serviert. Wenn Sie kein Schaffleisch finden (ein guter Metzger wird es bestellen können), dann schlage ich vor, Sie nehmen ein aromatisches Stück vom Lamm, wie etwa den Nacken. Wenn Sie ein Jungschaf finden können, dann ist auch das okay.

Dies ist ein ungewöhnliches Nudelrezept, da es wie Risotto zubereitet wird. Die Brühe wird nach und nach hinzugegossen, während die Nudeln garen und die Flüssigkeit aufsaugen. Es ist überraschend einfach und wirkungsvoll, da Sie selbst bestimmen, wie sämig Ihre fertige Nudelsauce sein wird.

FÜR 3–4 PERSONEN

Für die Brühe

1½ kg Schaffleisch, Lammnacken oder Jungschaf
3–4 l kaltes Wasser

Für die Nudeln

1,2 l Schaffleischbrühe
300 g Malloreddus (Seite 122)
Meersalz
300 g gemischter Hartkäse, gerieben (am besten eine Mischung aus Parmesan und altem oder jungem Pecorino)
schwarzer Pfeffer aus der Mühle

Zuerst die Brühe zubereiten. Sie kann problemlos bis zu 4 Tage im Voraus gekocht und dann im Kühlschrank oder im Tiefkühlfach aufbewahrt werden. Hierfür das Fleisch in einem großen Topf mit Wasser bedecken und auf kleiner Flamme köcheln lassen. Zwischendurch immer wieder den Schaum abschöpfen, der an die Oberfläche steigt. Etwa 2–3 Stunden köcheln, bis das Fleisch weich ist.

Für die Nudeln die benötigte Schaffleischbrühe aus dem Topf schöpfen. Den Rest der Flüssigkeit zusammen mit dem pochierten Fleisch für das Rezept auf Seite 182 verwenden. Die abgekühlte Brühe bis zur weiteren Verwendung in einem luftdicht verschlossenen Behälter im Kühlschrank aufbewahren.

In Ihrem besten, höchsten und breitesten Nudeltopf einige Kellen Brühe bei geringer Hitze erwärmen. Die Nudeln hinzugeben und gelegentlich umrühren, salzen.

Zwischendurch den Käse reiben.

Immer wieder eine Kelle mit Brühe unter Rühren zu den Nudeln geben, bis sie alles aufgesaugt haben. Sie sind in etwa 12–15 Minuten perfekt *al dente* gegart.

Abschmecken, ob die Textur zufriedenstellend ist (vielleicht noch 1 Prise Salz hinzufügen). Wenn die Nudeln *al dente* sind, den geriebenen Käse darüberstreuen und mit der restlichen Brühe beträufeln. Gut umrühren, bis eine dicksämige Sauce entstanden ist: Wenn bereits die ganze Brühe verbraucht ist, einfach etwas Wasser hinzufügen.

Mit Pfeffer aus der Mühle würzen.

LINAS CULURGIONES

Es ist fast unmöglich, diese urigen, dicklichen, sardischen Cousins der Ravioli nicht zu lieben. Sie erinnern eher an Knödel und werden aus einem einfachen Nudelteig aus Hartweizengrieß hergestellt. Hinein kommt eine Füllung aus Käse, Knoblauch, Kartoffeln und Minze. Heraus kommen ovale Päckchen mit hübschem Flechtrand, der durch kräftiges Kneifen und Falten geformt wird. Die Sarden meinen, sie erinnern an eine Ähre. Genau wie Ravioli werden Culurgiones in kochendem Salzwasser einige Minuten gegart und mit einer Tomatensauce und geriebenem Pecorino oder gelegentlich mit Salbeibutter serviert.

Lina macht die besten Culurgiones überhaupt. Ihre Familie stammt aus der Region Ogliastra auf Sardinien, woher auch diese Nudeln stammen. Zum ersten Mal aß ich sie, als Lina mir die rundlichen Päckchen als Geschenk mitbrachte, schön verpackt in einem Pizzakarton, um sie zu schützen, jede einzelne handgeformt und wie eine luxuriöse Praline in eine Papierhülle gesteckt. Als sie den Deckel des Kartons öffnete, gab es ein lautes »Ah« und »Oh«, denn alle bewunderten ihre perfekten kleinen geflochtenen Päckchen.

Sie waren genauso köstlich wie sie aussahen: weich, käsig und mit einem wunderbaren Aroma. Abgesehen von Geschmack und Aussehen haftet ihrem Namen etwas Verlockendes an – die Sarden sprechen sie *»Curr-low-joe-nii«* aus, was so viel bedeutet wie »kleine Bündel«.

Sie sind etwas aufwendig in der Zubereitung, deshalb würde ich empfehlen, sie für einen besonderen Anlass aufzuheben. Vier oder fünf Stück pro Person sind großzügig gerechnet. Wenn Sie sie also für ein kleines Dinner *à deux* zubereiten möchten, dann brauchen Sie etwa zehn Stück, was sich zeitlich im Rahmen hält. Der Käse kann variiert werden, aber diese hier ist Linas magische Kombination. Sie gibt noch ein Ei zur Füllung, was eher ungewöhnlich ist, doch scheinbar wird der Teig dadurch leichter und fluffiger.

FÜR 6–8 PERSONEN

Für die Füllung

700 g gelbe Kartoffeln
Meersalz
3 EL Olivenöl
1 Bio-Ei
1 kleine Knoblauchzehe, geschält und gerieben
100 g Pecorino, fein gerieben, plus etwas mehr zum Garnieren
70 g Provoletta oder ein anderer milder Ziegenkäse oder Cheddar, fein gerieben
1 Handvoll Minzeblätter, fein gehackt

Für den Teig

300 g Hartweizengrieß
1 EL Olivenöl
1 Prise Meersalz

Für die Garnitur

1 Portion Tomatensauce, nach Belieben (Seite 135)
Basilikumblätter zum Bestreuen

Für die Füllung zuerst die geschälten Kartoffeln in einem Topf mit reichlich Salzwasser kochen. Sobald sie gar sind, gut abtropfen lassen und mit den Fingern pellen (das geht einfacher, wenn sie noch warm sind). Anschließend durch die Kartoffelpresse drücken oder in der Flotten Lotte verarbeiten.

Mit Olivenöl, Ei, Knoblauch, Käse und Minze gründlich mischen (ich finde, das geht am besten mit den Händen) und mit Salz würzen, falls nötig. Abdecken und im Kühlschrank mindestens 30 Minuten ruhen lassen, bis die Masse gut gekühlt ist. Die Füllung kann bereits am Vorabend zubereitet werden und über Nacht im Kühlschrank stehen.

Für den Teig alle Zutaten und 140 ml Wasser mit den Händen oder mit dem Mixer mindestens 5 Minuten lang kräftig zu einem glatten Teig verkneten. Den Teig in Frischhaltefolie wickeln und für mindestens 30 Minuten ruhen lassen oder auch schon am Vorabend zubereiten.

Den Teig mit der Nudelmaschine oder mit dem Teigroller 1–2 mm dick ausrollen und, falls nötig, noch etwas Mehl hinzugeben. Mit einem hohen Trinkglas Kreise aus dem Teig stechen. Ein walnussgroßes Stück Füllung schön glatt formen und in die Mitte des Teigkreises setzen. Diesen auf die linke Hand legen und schließen, damit die Füllung gut eingeschlossen ist. Den Teig dann an den Rändern zusammendrücken, sodass er die Form einer Ähre annimmt, wie auf Seite 126 abgebildet. Auf ein Backblech geben und beiseitestellen.

Salzwasser in einem großen Topf zum Kochen bringen. Die Culurgiones 2–3 Minuten darin garen, bis sie an die Oberfläche steigen. Mit einem Schaumlöffel herausheben und in die warme Sauce geben. Umrühren, damit sie schön von der Sauce überzogen sind und mit Basilikumblättern und Käse garnieren.

EINE SAUCE FÜR ALLE JAHRESZEITEN

SUGO AL POMODORO

Die Tomatensauce ist einer der Grundpfeiler der italienischen Küche. Sie wird mit Fleisch, Nudeln, Ravioli, Polenta, Würsten oder Fisch serviert. Den Heiligenstatus verdankt sie zweifelsohne der Tatsache, dass sie sich allem anpasst, günstig ist und immer köstlich schmeckt.

Eine gute Tomatensauce ist wunderbar einfach, aber das heißt nicht, dass das auch einfach zu erreichen ist. Es braucht Sorgfalt, um etwas Einfaches und doch so Gutes zuzubereiten. Eine wirklich gute Tomatensauce sollte eine perfekte Balance zwischen Süße und Säure haben; die gleiche Sämigkeit und den köstlichen Wohlgeschmack wie die berühmte Tomatensuppe von *Heinz*, die ich als Kind so liebte.

Hier auf Sardinien wird Tomatensauce regelmäßig und dann gleich in großer Menge zubereitet und tiefgekühlt. Wenn also der Vorrat mal aufgebraucht ist oder ein Freund Ravioli mitbringt, ist immer eine Sauce griffbereit. Sie ist so allgegenwärtig, dass sie einfach nur als sugo bekannt ist und ich habe viele Sarden getroffen, die jeden Tag diesen einfachen Sugo mit Nudeln essen. *Pasta al Sugo* bleibt das Lieblingsessen vieler Italiener.

Auch wenn es Sorgfalt und Aufmerksamkeit erfordert, die richtige Balance zu finden, die einer Tomatensauce erst zu ihrer Köstlichkeit verhilft, so gibt es weder die ultimative Zubereitung noch das ultimative Rezept. Jeder Koch und jede Köchin in Italien hat ein eigenes Rezept. Ich bereite meine Sauce jedes Mal, und das ist meist einmal in der Woche, immer wieder anders zu. Ich variiere sie, je nachdem, welche Zutaten ich gerade zur Hand habe und in welcher Stimmung ich gerade bin. Sie ist unendlich anpassungsfähig, und wenn Sie diesen Grundbausteinen folgen, dann kann nichts schiefgehen:

weiter auf der nächsten Seite →

FETT

Fett ist ein Geschmacksträger. Es ist essenziell und bringt Tiefe in die Sauce. Fett holt das Beste aus den Tomaten heraus, gleicht die Säure aus und gibt die nötige Schwere. Es kann in verschiedener Form auftauchen: als Butter, als Olivenöl oder als Fett eines kurz angebratenen Pancetta. In einigen Rezepten kommt es erst am Ende hinein, etwa als Klecks eingerührter Mascarpone oder Crème double kurz vor dem Servieren.

AROMASTOFFE

Die meisten Kräuter harmonieren gut mit Tomaten und so können Sie ganz nach Geschmack wählen.

GEMÜSE

Es gibt der Sauce ihre feine Hintergrundnote. So wie Sie Karotte und Sellerie zur Brühe geben, um den Fleischgeschmack zu verbessern, so sorgt das Gemüse in der Sauce für den besseren Geschmack der Tomaten. Meist werden Karotte und Zwiebel verwendet. Sie werden roh in die Sauce gegeben und später wieder herausgefischt. Wenn die Tomaten nicht allzu süß sind, dann sorgen Zwiebeln und Karotten für die nötige Süße.

TOMATEN

Die Qualität der Tomaten ist sehr wichtig. Es sollten ganze, italienische, pflaumenförmige, geschälte Tomaten sein. Der »Saft«, der in vielen billigen Sorten zu finden ist, stammt häufig von unreifen Tomaten und ist säuerlich und scharf, was sich negativ auf die fertige Sauce auswirkt.

SÜSSE

Gute Tomaten sorgen für eine ausreichende Süße in der Sauce. Langes Garen bei geringer Hitze tut der Sauce gut. Wenn Sie keine guten Tomaten finden oder wenig Zeit haben, können Sie etwas Zucker zugeben. Ich gebe meist einen Teelöffel Honig hinzu.

WÜRZE

Eine gute Tomatensauce muss gut gewürzt werden. Reichlich Salz oder Würze durch Pancetta oder Sardellen. Geriebener Parmesan oder Pecorino zum Garnieren verstärkt dies ebenfalls.

KNOBLAUCH

Es ist ein Fehler, den viele machen, wenn sie jede Menge Knoblauch in die Tomatensauce geben. Ich liebe Knoblauch, stellte aber mit Erstaunen fest, dass er in der italienischen Küche nur sehr sparsam und in geringen Mengen verwendet wird, vor allem in der Tomatensauce. Meist wird eine Knoblauchzehe zerstoßen und in das Olivenöl zum Braten gegeben und vor dem Servieren wieder entfernt.

KONSISTENZ

Eine gute Sauce sollte weder zu flüssig noch zu fest sein. Sie kann stückig oder glatt sein, je nach persönlicher Vorliebe (Seite 134–135), aber niemals dünnflüssig oder wässrig. Durch langes Köcheln wird der Wassergehalt reduziert und die Sauce erhält die gewünschte Sämigkeit.

Für jedes der folgenden Rezepte auf den Seiten 134-135 können Sie die Tomaten durch eine Flotte Lotte drehen, um eine schöne sämige Paste zu bekommen. Viele italienische Köche machen das so. Ich lasse meine meistens ganz, denn ich mag Stücke und scheue den zusätzlichen Abwasch, aber aus Respekt vor Nonnas Saucenrezept mache ich eine Ausnahme.

TOMATENSAUCE IN DREI VARIATIONEN

FRANCAS TOMATENSAUCE

Ich bereite diese Sauce im Winter zu. Durch die Kräuter wird sie würzig und durch den Pancetta gehaltvoll. Es ist eine Art *amatriciana,* obwohl Franca sie als Alltagssauce verwendet.

FÜR 4–6 PERSONEN

1 kleine Zwiebel, geschält und klein geschnitten
4 EL Olivenöl
40 g Pancetta oder Guanciale, gewürfelt
2 Lorbeerblätter
1 kleiner Zweig Rosmarin
4–5 Salbeiblätter
1 kleine getrocknete Chilischote, zerstoßen
800 g geschälte Tomaten aus der Dose
1 Stück Parmesanrinde
Meersalz

In einem Topf bei mittlerer Hitze die Zwiebel in Olivenöl 1–2 Minuten anbraten, den Pancetta mit den Kräutern und dem Chili hinzufügen und alles dünsten, bis die Zwiebel weich ist und gerade anfängt zu bräunen, genau wie der Speck (das dauert etwa 10–15 Minuten). Die Tomaten untermengen, Dose mit 2 EL Wasser ausspülen und dieses zusammen mit der Parmesanrinde in den Topf geben. Bei geringer Hitze mindestens 30 Minuten köcheln lassen. Mit Salz würzen und Parmesanrinde, Lorbeerblatt und Rosmarin danach entfernen. Ich esse die Salbeiblätter gern, deshalb lasse ich sie in der Sauce.

MARCELLAS TOMATENSAUCE

Marcella Hazan ist eine der Königinnen der italienischen Küche und ihre gehaltvolle, frische und reine Sauce, für die sie nur Butter, eine Zwiebel und (möglichst) frische Tomaten verwendet, hat ihr einen Platz im Küchen-Olymp eingebracht.

Ich hatte geplant, ihr Rezept eins zu eins zu übernehmen, da ich es schon lange bevor ich nach Italien zog, zubereitet und geliebt hatte. Doch auch die besten Pläne gehen manchmal schief. Als ich versuchte, das Rezept zu Hause nachzukochen, beharrte Franca darauf, ich müsse Olivenöl verwenden. Marcellas Butter ist sicherlich eine Verbeugung vor ihren norditalienischen Wurzeln (sie wurde in der Emilia-Romagna geboren), denn je weiter südlich man in Italien kommt, desto seltener findet man Butter zum Kochen. Wie Franca schon sagt: Wenn das Olivenöl *»così buono«* sei, dann mache Butter auch keinen Sinn. Doch das Leben besteht aus Kompromissen und die besten Rezepte entstehen, wenn zwei Ideen zusammenkommen. Ich habe etwas von Marcellas Butter beibehalten, denn ich mag diese seidige Süße, die sie der Sauce gibt, und habe die andere Hälfte durch Olivenöl ersetzt, um etwas mehr Kraft, Pfeffer und Tiefe zu bekommen – und hoffe, dass auf diese Weise jeder glücklich ist.

FÜR 6 PERSONEN

900 g reife frische Tomaten oder 500 g geschälte Tomaten aus der Dose, klein geschnitten
40 g Butter
4 EL Olivenöl in bester Qualität
1 Zwiebel, geschält und halbiert
Meersalz
geriebener Parmesan zum Bestreuen

Werden frische Tomaten verwendet, diese waschen und halbieren. In einem Topf mit geschlossenem Deckel bei geringer Hitze 10 Minuten köcheln lassen, bis sie weich sind und in sich zusammenfallen.

Die Tomaten in einer Flotten Lotte pürieren und das Püree zurück in den Topf füllen. Butter, Olivenöl und Zwiebelhälften hinzufügen und alles bei geringer Hitze etwa 45 Minuten köcheln lassen. Werden Tomaten aus der Dose verwendet, diese einfach vorher durch die Flotte Lotte drehen und dann alle übrigen Zutaten hinzufügen.

Abschmecken und mit Salz würzen. Die Zwiebelhälften entfernen und mit Nudeln nach Belieben und reichlich geriebenem Parmesan servieren.

LUCAS »POVERI MA BELLI«-TOMATENSAUCE

Basierend auf dem Rezept von Nonna, ist dies der *sugo di pomodoro alla Sarda* (auf sardische Art).

Das Ganze ist kein Hexenwerk: Man muss nur die allerbesten Tomaten aus der Dose verwenden (die sardische Marke *Antonella* natürlich) und die Tomaten durch die Flotte Lotte drehen, um die bitteren Kerne zu entfernen. Die Sauce wird dann mit einigen Zwiebeln gekocht und mit *olio buono* und Salz abgeschmeckt. Das war's.

Luca (wie viele Sarden) behauptet, dass es die beste Sauce der Welt sei. Es ist auch die beste Beilage für einfache Nudeln mit Tomatensauce oder für die auf sardische Art servierten Ravioli (einschließlich der Culurgiones, Seite 128). Sie ist authentisch und köstlich. Sie ist so einfach, dass sie nicht von der Raviolifüllung ablenkt, die den Sarden so wichtig ist. Sie mögen es nicht, wenn zwei Aromen sich in die Quere kommen, oder ein Aroma das andere geschmacklich überdeckt.

Sie können noch ein oder zwei Basilikumblätter sowie den obligatorischen geriebenen Käse hinzufügen.

FÜR 4–6 PERSONEN

2 EL Olivenöl zum Anbraten
1 kleine weiße Zwiebel, geschält und halbiert
800 g *Antonella*-Tomaten, durch eine Flotte Lotte gedreht
3 EL Olivenöl in bester Qualität
Meersalz

Die erste Portion Olivenöl leicht erhitzen und die Zwiebelhälften unter Rühren darin einige Minuten anbraten, bis sie schön brutzeln. Dann die Tomaten hinzufügen und bei geringer Hitze 1 Stunde oder etwas länger garen, bis die Zwiebelhälften vollständig weich sind und auseinanderfallen. Entweder die Zwiebel entfernen oder mit einem Stabmixer pürieren. Ich bevorzuge Letzteres, denn ich werfe sie ungern weg.

Die Sauce umrühren und das gute Olivenöl und 1 Prise Salz einrühren. Die Würze kontrollieren und, falls nötig, noch etwas nachsalzen.

Zu jeder Gelegenheit genießen.

LINGUINE MIT ZITRONE, BASILIKUM, PECORINO UND MASCARPONE

Linguine con Limone, Pecorino e Basilico

Für mich wird dies immer das Gericht des cremig-süßen Sieges sein. Dahinter steckt natürlich eine Geschichte.

Das Rezept ist ein schamloses Plagiat von Nigellas berühmten »Zitronigen Linguine«.

Nigella ist die einzige Frau (abgesehen von seiner geliebten Mama und seiner fast ebenso geliebten Chefköchin Florence Knight), deren Rezepte Lucas sehr verwöhntes sardisches Herz erobert hat, und das will schon etwas heißen. Eines Abends wollte ich Nigellas »Zitronige Linguine« als Abendessen zubereiten. Als Luca sah, dass ich Sahne, rohe Eier und Zitronensaft in der Schüssel für die Sauce verrührte, verhöhnte er mich, indem er zum Tisch schlurfte und sich einige Scheiben *salsiccia* abschnitt (darauf greift er immer als Protest zurück, wenn er missbilligt, was ich gerade koche).

Als ich die Linguine aus dem Topf nahm und energisch unter die cremige Sauce rührte, zog der Duft von Zitrone und Basilikum durch den Raum. Ich sah, wie er mich aus den Augenwinkeln beobachtete und ganz langsam und schweigend seine Wurst beiseitelegte und mit seinem leeren Teller erwartungsvoll dasaß. (Wenn ein Sarde seine Salami beiseitelegt, dann muss das einen triftigen Grund haben.)

Ich gab auf Lucas Vorschlag hin noch Mascarpone und Basilikum hinzu und alles passte wunderbar. Sie können selbstverständlich auch nur Crème double verwenden und das Basilikum weglassen.

FÜR 2 PERSONEN, GROSSZÜGIG BEMESSEN

2 Eigelb (Bio-Eier)
100 g Crème double
2 EL Mascarpone
2 EL geriebener Pecorino
abgeriebene Schale von 1 Bio-Zitrone und Saft von ½ Zitrone
40 g Butter, gewürfelt
250 g Linguine
4 Basilikumblätter, zerkleinert
Meersalz

Salzwasser in einem großen Topf zum Kochen bringen.

Inzwischen Eigelbe, Crème double, Mascarpone, Pecorino und Zitronenabrieb und -saft in einer Rührschüssel kräftig verquirlen, damit alle Klümpchen verschwinden.

Die Butter hinzufügen und die Schüssel auf den Topf mit der kochenden Pasta setzen oder an eine warme Stelle dicht daneben, um die Sauce leicht zu erwärmen.

Wenn die Nudeln perfekt *al dente* sind, diese abgießen und etwas Nudelwasser aufbewahren (nur für den Fall der Fälle, obwohl der meist nie eintritt).

Die Sauce in den Topf mit den abgetropften Nudeln geben und alles kräftig umrühren. Jede einzelne Nudel sollte damit überzogen sein. Wenn das Ganze noch zu flüssig aussieht, den Topfinhalt wieder leicht erwärmen und unter Rühren einen Moment kochen. Mit zerkleinerten Basilikumblättern bestreuen, eventuell noch würzen, zügig umrühren und dann voller Stolz servieren.

TROFIE MIT PESTO, THUNFISCH UND TOMATEN

Trofie alla Carlofortina

Eine der schönsten Städte Sardiniens ist zweifelsohne Carloforte auf der Insel San Pietro.

Carloforte ist aus verschiedenen Gründen berühmt. Zuerst einmal wegen seiner Tradition des Thunfischfangs und zweitens wegen der Korallen, die hier in reicher Zahl wuchsen und gesammelt und zu Schmuck verarbeitet wurden. Und natürlich nicht zuletzt für seine Küche.

1541 verließen ein paar Fischer mit ihren Familien auf der Suche nach Korallen Ligurien und ließen sich in Tabarka vor der Küste Tunesiens nieder. Nachdem die Korallenstände dort erschöpft waren, begannen sie an anderer Stelle zu suchen und entdeckten, dass sie im Meer südlich von Sardinien noch im Überfluss zu finden waren. 1739 baten sie Karl Emanuel III., den damaligen König von Sardinien-Piemont, um Erlaubnis, sich auf der Insel San Pietro anzusiedeln und dort eine Gemeinde zu gründen und benannten die Stadt im Zuge dessen nach ihm: Karl der Starke (Carlo forte).

Eine Variante der ligurischen Sprache wird auch heute noch hier gesprochen, die sich vom Italienischen und Sardischen unterscheidet. Die Fischerfamilien brachten damals auch ihre Küche mit und vor allem ihr berühmtes Pesto.

Die nach der Stadt benannte *Pasta alla Carlofortina* ist ein Gericht, das sowohl die Geschichte als auch den Reichtum der Insel feiert. Für die Sauce wird genuesisches Pesto mit süßen Tomaten aus der Region und dem berühmten Thunfisch gemischt. Dieser wird in den Gewässern rund um die Insel San Pietro gefischt. Die Nudeln sind in der Regel hausgemacht, meist Trofie, eine ligurische Spezialität. Es ist wirklich ein besonderes Gericht und für einige mag die Liaison von Thunfisch und Käse (im Pesto sind sowohl Parmesan als auch Pecorino) etwas gewöhnungsbedürftig sein, doch jeder, der einmal mit Käse überbackenen Thunfischtoast gegessen hat, weiß, dass es eine wahrhaft himmlische Kombination ist. Der Thunfisch ist ein sehr fleischiger Fisch, der es mit den starken Aromen von Basilikum, Knoblauch und Käse brillant aufzunehmen weiß. Die Tomaten sorgen für die nötige Süße, Säure und Frische.

Natürlich können Sie problemlos Trofie kaufen oder eine andere Nudelsorte nehmen, aber es macht sicherlich mehr Vergnügen, eigene Nudeln herzustellen. Der Teig ist einfach vorzubereiten, nur das Formen erfordert etwas Übung. Die Form hat keine Auswirkung auf den Geschmack, also lassen Sie sich nicht entmutigen – selbst hässliche Trofie schmecken gut. In Hinblick auf die beste Technik für perfekte Trofie kann ich Ihnen nur empfehlen, sich vorher einige YouTube-Videos anzuschauen, denn es ist wie bei vielem: Übung macht den Meister.

MACHT 4 MITTELHUNGRIGE ODER 2 GEFRÄSSIGE ESSER SATT

Für die Trofie

300 g semola di gran duro (Hartweizengrieß), plus etwas mehr zum Bestäuben

Für die Sauce

100 g Pinienkerne
1 Knoblauchzehe, geschält
30 g Pecorino, gerieben
30 g Parmesan, gerieben
2 große Handvoll frische Basilikumblätter, plus etwas mehr zum Garnieren
70 ml Olivenöl extra vergine, plus etwas mehr zum Anbraten
Meersalz
1 Handvoll kleine süße Tomaten, in Stücke geschnitten
150 g Thunfisch (aus Dose) in bester Qualität, zerkleinert

Für die Nudeln den Hartweizengrieß und 145 ml warmes Wasser in einer Schüssel zu einem groben Teig verkneten. Aus der Schüssel nehmen und auf der Arbeitsfläche weitere 10 Minuten kneten, bis der Teig schön glatt und elastisch ist. In Frischhaltefolie einwickeln und 30 Minuten ruhen lassen. In der Zwischenzeit das Pesto zubereiten.

Dazu Pinienkerne, Knoblauch und Käse im Mixer zerkleinern, sodass sie die Beschaffenheit von groben Semmelbröseln haben. Basilikum hinzufügen und nochmals alles ein paar Mal zerhacken, dann Olivenöl und Salz hinzufügen und weiter zerkleinern, bis alles zu einer grobsämigen Paste verarbeitet ist. Nicht zu lange pürieren, sonst wird die Masse zu glatt, das Pesto darf gern noch etwas grob sein.

Dann die Trofie formen. Vom Teig haselnussgroße Stückchen abnehmen und zu kleinen verdrehten Schnürchen rollen. Auf ein sauberes, mit Hartweizengrieß bestreutes Tablett legen.

Für die Sauce in einer Grillpfanne die Tomatenstücke in etwas Olivenöl und mit 1 Prise Salz weich schmoren. Tomaten und die Hälfte des Thunfischs unter das Pesto rühren. Eventuell noch würzen und dann beiseitestellen.

Salzwasser in einem großen Topf zum Kochen bringen. Die Trofie darin 1–2 Minuten garen, bis sie an die Oberfläche steigen (bei gekauften Nudeln die Packungsanleitung befolgen). Mit einem Schaumlöffel herausheben und direkt in den Topf mit der Sauce geben. Auf den Herd stellen, eine Kelle Nudelwasser hinzugießen und Nudeln und Sauce verrühren, bis alles gut gemischt ist. Mit dem restlichen Thunfisch und einigen zerkleinerten Basilikumblättern anrichten.

HINWEIS

Als ich dieses Gericht zum ersten Mal zubereitete, fragte meine Mutter, ob sie die Salbeiblätter mitessen könne. Die Antwort ist Ja. Der Salbei ist sogar meine liebste Zutat in diesem Gericht.

NUDELN MIT BUTTER UND SALBEI

Pasta al Burro e Salvia

Ich liebe Butter. Ich entstamme einer Familie von Butterliebhabern. Meine Mutter isst große Stücke mit dem Löffel direkt aus der Packung, mein Vater streicht sie sich dick wie Käse auf sein Brot.

Italienische Butter ist ganz anders als die fertige Butter, die wir in England kennen. Wahrscheinlich werde ich einfach nur älter, aber ich bin überzeugt, dass ein Großteil der Butter in England heute nach gar nichts mehr schmeckt. In den letzten Monaten vor meiner Abreise nach Sardinien machte ich es mir zur Angewohnheit, Butter im Laden zu riechen. Ich öffnete die Packung ein klein wenig und roch an der Butter. Die anderen Käufer warfen mir komische Blicke zu, aber so konnte ich einwandfrei die Qualität bestimmen. Eine gute Butter hat diesen ganz bestimmten Geruch. Sie riecht nach Sämigkeit, Frische und Sahne; ein leichter Hauch von Käse und leichter Süße. Probieren Sie es mal. Die Butter hier riecht sehr stark, so wie Butter riechen sollte. Sie hat das reinste Weiß, ist immer ungesalzen und wird in Blöcken von 500 g angeboten und in weißes gewachstes Papier eingewickelt – so wie Butter früher. Sie ist wunderbar anzusehen und zu essen!

Butter wurde in der italienischen Küche erst seit der Renaissance verwendet und nur von den Reichen gegessen. Sie kam oft als elegantes Kunstwerk auf den Tisch und wurde nicht verzehrt – ja, Butterskulpturen! Bis heute verwenden Sarden sie kaum beim Kochen, obwohl sie von bester Qualität und überall erhältlich ist. Wenn Butter verwendet wird, dann ist sie ein wesentlicher Geschmacksträger in einem fertigen Gericht, statt nur eine Zutat beim Kochen.

Es mag zwar nicht gerade schick sein, aber ich könnte dieses Gericht für den Rest meines Lebens täglich essen. Es zeigt, wie wichtig es ist, Nudelsaucen gut zuzubereiten (was manchmal etwas in Vergessenheit gerät). In Italien lernt jeder als Erstes auch die Saucenzubereitung, sobald er beginnt mit Nudeln zu kochen. Etwas Nudelwasser wird unter das fertige Gericht gerührt, damit die Sauce emulgiert und der geriebene Käse cremig schmilzt. Wenn Sie erst einmal gelernt haben, wie es geht, werden Sie es nie wieder anders machen.

Der besondere Geschmack des Salbeis gibt diesem Gericht seine Substanz. Sie sollten also gar nicht erst versucht sein, ihn wegzulassen. Dieses Gericht ist echtes Wohlfühlessen in seiner besten Form.

FÜR 2 MÄSSIGE ESSER ODER 1 ESSER MIT VIEL HUNGER

Meersalz
220 g getrocknete Nudeln nach Wahl (ich mag *Risoni* oder andere »kurze« Nudeln am liebsten)
120 g Butter
8–10 kleine Salbeiblätter
70 g Parmesan, gerieben, plus etwas mehr zum Garnieren

In einem großen Topf Salzwasser zum Kochen bringen und die Nudeln hineingeben.

Die Butter in einem flachen, breiten Topf bei geringer Hitze zerlassen. Den Salbei hinzufügen und einige Minuten schmoren, damit er sein Aroma entfaltet. Die Nudeln abgießen, sobald sie *al dente* sind und dabei etwas Nudelwasser aufbewahren. Die Hälfte des Kochwassers und die Nudeln in den Topf mit Butter und Salbei geben, die Hitze stark erhöhen und alles kräftig verrühren. Den Käse hinzufügen und weiterrühren, bis eine glatte, seidige Sauce entstanden ist. Wenn sie noch zu trocken aussieht, etwas mehr Nudelwasser unterrühren; ist sie noch zu dünnflüssig, dann alles noch etwas länger garen.

14
18

ROTWEIN-RADICCHIO-RISOTTO MIT SAPA

Risotto al Vino Rosso, Sapa e Radicchio

Ich liebe Rotwein, ich trinke ihn, nutze ihn zum Kochen und male sogar mit ihm. Der sardische Cannonau ist einer der süffigsten Rotweine, die ich kenne. Er ist samtig, schwer und rund im Geschmack. Er passt immer, entweder allein oder zu einer Mahlzeit. Ich habe ehrlich gesagt noch nie einen schlechten getrunken – selbst die, die in dunklen Ölbehältern ohne Etikett angeboten werden, sind durchweg gut trinkbar. Genau wie die Griechen, so trinken auch die Sarden diesen Wein gekühlt, vor allem im Sommer. Gianni schneidet reife Pfirsiche klein und gibt sie ins Glas, sodass daraus ein überaus köstliches Dessert wird.

Der Wein ist auch wunderbar zum Kochen geeignet. In diesem Risotto gleichen die Fruchtnote des Rotweins und das Fett von Butter und Käse die bittere Note des wundervoll violetten Radicchios aus.

Diesen koche ich getrennt, in wenig Butter und Sapa, damit er etwas von seinen Bitterstoffen verliert und sein fruchtiger Geschmack betont wird.

FÜR 4 PERSONEN ALS HAUPTGERICHT UND 6 PERSONEN ALS PRIMO

- 1,2 l helle Hühnerbrühe
- 500 ml Rotwein (möglichst Cannonau)
- 150 g Butter
- ½ Kopf eines großen Radicchios oder 1 kleiner ganzer Kopf, in feine Streifen geschnitten
- 1 Prise Meersalz
- 1 EL Sapa oder ein alter Balsamico-Essig
- 2 kleine weiße Zwiebeln, geschält und fein gewürfelt
- 2 Knoblauchzehen, geschält und klein geschnitten
- 400 g Risotto-Reis
- 80 g Parmesan, gerieben, plus etwas mehr zum Garnieren

In einem hohen Topf bei geringer Hitze Brühe und Wein verrühren.

In einem zweiten Topf 20 g Butter zerlassen. 1 Handvoll Radicchio für die Garnitur beiseitelegen und den Rest in der Butter anbraten, bis er weich wird. 1 Prise Salz und den Sapa hinzugeben und noch etwa 1 Minute garen, dann beiseitestellen.

In einem tiefen Topf 50 g Butter zerlassen und die Zwiebeln und den Knoblauch darin weich und glasig dünsten. Den Reis hinzugeben und etwa 1 Minute umrühren. Eine Kelle der Wein-Brühe-Mischung zufügen und rühren, bis der Reis die Flüssigkeit aufgenommen hat. Diesen Vorgang Kelle um Kelle wiederholen und nach jeder Zugabe lange genug rühren.

Dieser Kochvorgang dauert rund 17–20 Minuten. Wenn der Reis *al dente* gegart und die Flüssigkeit größtenteils verdampft ist, das Risotto für die *»mantecatura«*, das Cremigwerden, beiseitestellen.

Mit einem Holzlöffel die restliche Butter und den geriebenen Parmesan unterrühren. In 1–2 Minuten zu einer üppig cremigen Sauce verrühren.

Zum Schluss den gegarten Radicchio unterheben. Mit den rohen Salatblättern garnieren und mit etwas Parmesan bestreuen.

FREGOLA MIT VENUSMUSCHELN UND FENCHEL

Fregola con Arselle e Finocchio

Neben seinen wunderbaren Aromen besticht dieses Gericht durch seine schönen Formen und Texturen und überzeugt mit kleinen Fregola-Kügelchen und süßen, weichen Muscheln. Der Fenchel sorgt für eine Hintergrundnote aus Anis. Die Fregola wird hier wie ein Risotto gekocht, die Körner kommen zu den Grundzutaten und werden langsam mit Flüssigkeit gegart, bis sie rund und gerade *al dente* sind. Dies ist eine köstliche Kombination aus salzig und süß. Wenn Sie mögen, bestreuen Sie das Ganze mit geriebener Bottarga.

FÜR 6 PERSONEN ALS VORSPEISE ODER 4 PERSONEN ALS HAUPTGERICHT

Für die Venusmuscheln

3 EL Olivenöl extra vergine, plus etwas mehr zum Beträufeln
1 Knoblauchzehe, geschält
1½ kg Venusmuscheln, gesäubert, geöffnete oder beschädigte Exemplare entfernt
200 ml trockener Weißwein (möglichst Vermentino)

Für die Fregola

1 Knoblauchzehe, geschält und klein geschnitten
2 große Fenchelknollen, fein gewürfelt, die grünen Stiele aufbewahrt
50 g Butter
2 EL Olivenöl, plus etwas mehr zum Garnieren
350 g Fregola
1 l Fisch- oder Gemüsefond oder Wasser
1 kleines Bund glatte Petersilie, klein gehackt
abgeriebene Schale und Saft von ½ Bio-Zitrone zum Garnieren
Meersalz (nach Belieben) und Pfeffer aus der Mühle

Das Olivenöl in einer breiten Pfanne mit Deckel auf mittlere Temperatur erhitzen. Den Knoblauch 30 Sekunden darin duftend anbraten. Die Venusmuscheln hineingeben, den Wein zugießen, den Deckel auflegen und die Hitze stark erhöhen. Nach 1 Minute den Deckel abnehmen, um zu kontrollieren, ob die Muscheln gar sind – sie sollten sich geöffnet haben. Wenn sie noch geschlossen sind, den Deckel wieder auflegen und die Muscheln noch etwas länger garen. Den Topf mit den fertigen Muscheln vom Herd nehmen und die Flüssigkeit in ein Gefäß abseihen. Diese zum Fond geben. Die Muscheln mit etwas gutem Olivenöl beträufeln, damit sie schön saftig bleiben, und kurz mit geschlossenem Deckel beiseitestellen.

Für die Fregola den Knoblauch und den Fenchel in einem hohen Topf bei mittlerer Hitze in Butter und Olivenöl andünsten, bis der Fenchel nach etwa 5 Minuten glasig ist und gerade beginnt zu bräunen.

Die Fregola hinzufügen und alles gut verrühren. Nun den Fond nach und nach zugeben und bei mittlerer Hitze weitergaren. Dabei wie bei einem Risotto ständig weiter umrühren.

Wenn die Fregola nach etwa 12–15 Minuten gerade *al dente* und die Mischung gar ist, die Muscheln unterheben und das Gericht mit ein wenig gehackter Petersilie und Zitronenabrieb bestreuen. Noch etwas Zitronensaft darübergeben und nach Belieben würzen (ich gebe selten noch Salz hinzu, da die Venusmuscheln bereits salzig sind).

In Suppenschalen anrichten, mit Fenchelgrün garnieren und noch 1 Spritzer Olivenöl darauf verteilen.

SAFRAN-RISOTTO MIT ORANGE UND MASCARPONE

Risotto allo Zafferano

Ich koche und esse nicht oft Risotto, da ein Teller Nudeln – so finde ich jedenfalls – schneller zubereitet ist. Das ständige Rühren erfordert Aufmerksamkeit und Geduld, und zwar mehr als ich für gewöhnlich habe. Wenn ich es dann doch einmal koche, dann soll es auch perfekt sein: cremig und gehaltvoll.

Dieses Gericht ist sonnengelb glänzend und vereint alle Aromen und die goldene Pracht eines wirklich guten Risottos in sich. Allerdings verlangt es nach einer guten Brühe. Wenn Sie erst einmal wissen, wie Sie diese zubereiten, dann ist der Rest wirklich kinderleicht.

FÜR 6 PERSONEN ALS PRIMO ODER 4 PERSONEN ALS HAUPTGERICHT

1½ l leichte Hühnerbrühe
110 g Butter
2 kleine weiße Zwiebeln, geschält und fein gewürfelt
400 g Risotto-Reis
½ TL Safranpulver oder 1 gute Prise Safranfäden, in heißem Wasser eingeweicht
150 ml Wermut oder Weißwein
1 geh. EL Mascarpone
80 g Parmesan, gerieben
abgeriebene Schale und Saft von 1 kleinen süßen Bio-Orange
1 TL Meersalz

Die Brühe in einem hohen Topf auf mittlere Temperatur erhitzen.

In einem zweiten hohen Topf 70 g Butter zerlassen und die Zwiebeln darin weich und glasig dünsten. Den Reis und den Safran hinzufügen und alles 1 Minute verrühren. Den Wermut hinzugießen und kochen, bis der Reis ihn aufgenommen hat. Nun die heiße Brühe nach und nach hinzufügen. Nach jeder Zugabe rühren, bis der Reis die Flüssigkeit wieder aufgenommen hat.

Der gesamte Kochvorgang dauert rund 17–20 Minuten. Wenn der Reis *al dente* gegart und die Flüssigkeit größtenteils verdampft ist, das Risotto für die *»mantecatura«*, das Cremigwerden, beiseitestellen.

Mit einem Holzlöffel die restliche Butter, den Mascarpone und den geriebenen Parmesan unterrühren. In 1–2 Minuten zu einer üppigen, cremigen Sauce verrühren. Die Hälfte des Orangenabriebs und etwas Orangensaft hinzufügen. Abschmecken und eventuell noch Salz und etwas Orangensaft zugeben. Mit einem extra Klecks Mascarpone und dem restlichen Orangenabrieb garnieren.

PERFEKTE POLENTA

Polenta Perfetta

Polenta ist eine wunderbare und häufig unterschätzte Zutat. Oftmals als fad und klumpig verschrien, braucht sie einfach etwas Liebe und eine großzügige Hand, um zu köstlicher Größe aufzusteigen.

Es gibt zwei Arten, Polenta zuzubereiten:

1. Polenta mit Flüssigkeit kochen, fest werden lassen, schneiden und dann grillen, braten oder backen.
2. Polenta mit reichlich Flüssigkeit garen und heiß und sämig servieren. Sie hat dann die Konsistenz von feuchtem Porridge.

Ich bevorzuge die zweite Variante. Wie so viele andere Grundkohlenhydrate, die seit Tausenden von Jahren als die Säulen bäuerlicher Ernährung galten, wurde Polenta meist als Magenfüller eingesetzt, aber genau wie Nudeln ist sie doch so viel mehr. Sie fragt nach etwas Zitronenabrieb, der sie gleich in andere Sphären hebt, nach der Zartheit von Butter und Olivenöl (oder nach beidem) und möglichst nach einem Käse, um als das köstliche Lebensmittel gesehen zu werden, das sie ist. Wenn Sie dieses Rezept nachkochen, dann werden Sie genau wie ich zum Polenta-Fan werden.

Polenta wird in verschiedenen Formen angeboten, am häufigsten als weiße, vorgegarte oder Instant-Polenta und länger kochende, grobe Polenta. Letztere ist besonders großartig, obwohl ihre Zubereitung etwas länger dauert. Die Instant-Sorte hat weniger Geschmack, ist aber für den Alltag durchaus zu empfehlen. Zu dem folgenden Rezept passt jede Sorte. Lesen Sie aber der Garzeit wegen vorher die Packungsanleitung.

Wenn Sie diese Polenta zu Fisch servieren, dann fügen Sie keinen Parmesan hinzu, sondern lieber den Abrieb einer halben Zitrone und etwas zusätzliches Olivenöl.

FÜR 8 PERSONEN ALS VORSPEISE ODER 6 PERSONEN ALS HAUPTGERICHT

300 g Polenta
2 gestr. TL Meersalz
150 g Butter
100 g Parmesan, gerieben
Olivenöl extra vergine zum Beträufeln

In einem großen hohen Topf 2 l Wasser aufkochen. Die Polenta unter ständigem Rühren gleichmäßig einrieseln lassen. Die Hitze stark reduzieren und 20–40 Minuten (je nach Art der Polenta) garen, zwischendurch immer wieder umrühren, bis die Polenta eine schöne glatte und feuchte Konsistenz angenommen hat. Salz, Butter, Parmesan und einige kräftige Spritzer Olivenöl hinzufügen. Kräftig umrühren, damit sich alles gut vermischt. Eventuell noch etwas würzen, warmhalten und in tiefen Schüsseln servieren. Dazu ein Schmorgericht oder einen Eintopf nach Wahl servieren.

POLENTA-AUFLAUF MIT WÜRSTEN UND TOMATENSAUCE

Polenta alla Campidanese

Ein Gericht für echte Polenta-, Käse- und Wurstliebhaber.

Also im Grunde ein Gericht für jede und jeden.

Die Sauce ähnelt der aus einem anderen *Campidanese*-Rezept (Seite 122), die mit Malloreddus serviert wird; eine gehaltvolle Wurstsauce, die die Polenta umhüllt und sich mit dem schmelzenden Käse vermischt.

Für dieses Gericht bereitet Franca ihre Polenta mit Schmalz von den hauseigenen Schweinen zu. Sie können aber auch Butter oder Olivenöl verwenden. Wichtig ist nur, dass alles gehaltvoll und schmackhaft ist.

Das Gericht lässt sich gut im Voraus zubereiten (wie eine Lasagne) und kann dann im Kühlschrank aufbewahrt oder tiefgekühlt werden.

FÜR 8 PERSONEN

Für die Polenta

350 g Polenta
4 EL geriebener Parmesan
100 g Butter oder Schmalz plus mehr zum Einfetten
Meersalz

Für das Ragout

1 kleine Zwiebel, geschält und gewürfelt
1 Karotte, geschält und gewürfelt
1 Knoblauchzehe, geschält und klein geschnitten
1 Stange Staudensellerie, gewürfelt
4 EL Olivenöl
2 Lorbeerblätter
1 kleine getrocknete rote Chilischote, zerstoßen
1 Stängel Salbei
400 g Wurstbrät
100 ml Weißwein
1 kg Tomaten aus der Dose
Meersalz
1 Prise extrafeiner Zucker (nach Belieben)

Für die Garnitur

300 g Mozzarella, in grobe Stücke geschnitten
1 Handvoll Basilikumblätter
100 g Pecorino, gerieben

Den Backofen auf 190 °C vorheizen.

In einem hohen Topf 1,8 l Wasser zum Kochen bringen. Unter ständigem Rühren die Polenta in einem gleichmäßigen Strahl einrieseln lassen. Die Hitze auf die niedrigste Stufe stellen und noch einige Minuten weiterschlagen, bis die Polenta fertig gegart ist. Die Garzeit kann nach Körnung und Marke variieren. Am besten nach der Packungsanweisung richten. Meist braucht Polenta 10–30 Minuten.

In der Zwischenzeit für das Ragout in einer großen Pfanne Zwiebel, Karotte, Knoblauch und Sellerie im Olivenöl mit Lorbeerblätter, Chili und Salbei andünsten, bis das Gemüse nach etwa 10 Minuten weich und glasig ist.

Das Wurstbrät hinzufügen und weitere 10 Minuten braten, bis es anfängt zu bräunen. Den Wein zugießen und weitere 1–2 Minuten garen. Die Tomaten zusammen mit 3–4 EL Wasser hinzufügen und alles 40–50 Minuten leicht köcheln lassen. Nach Belieben würzen – je nach Geschmack der Tomaten, eventuell noch 1 Prise Zucker untermischen – und dann vom Herd nehmen.

Wenn die Polenta gar ist, Parmesan, Butter und 1 kräftige Prise Salz unterrühren. Die Polenta in einer gefetteten tiefen Fettpfanne verstreichen und etwa 20 Minuten fest werden lassen. Dann auf ein Schneidebrett stürzen und in 4 cm dicke, kuchenstückgroße Scheiben schneiden.

Die Hälfte der Polentastücke in eine große hohe Auflaufform legen. Mit der Hälfte der fertigen Sauce übergießen und die Hälfte von Mozzarella, Basilikum und Pecorino darauf verteilen. Dann die restlichen Polentascheiben sowie die Reste von Sauce und Käse darüberschichten. Mit den restlichen frischen Basilikumblättern bestreuen und im vorgeheizten Ofen 35–45 Minuten backen, bis der Auflauf goldbraun ist und Bläschen wirft. Vor dem Servieren 1–2 Minuten auskühlen lassen.

VON KRÄUTERN UND UNKRÄUTERN

In der Natur umherzustreifen, um Beeren und Pflanzen zu sammeln, war ein wichtiger und glücklicher Teil meiner Kindheit. Auch meine Eltern waren zufrieden, wenn sie einige Stunden in der Natur verbringen und Büsche und Hecken nach Verwertbarem absuchen konnten.

Das Suchen und Sammeln von Essbarem ist in Sardinien weit verbreitet. Die wilde Landschaft und das warme Klima sind der perfekte Nährboden für zahlreiche essbare Unkräuter und Pilze. Im Spätherbst und im Frühjahr sieht man häufig lange Reihen geparkter Autos in Gegenden, in denen besondere Pilze oder Wildkräuter wachsen.

Ich treffe häufig auf andere Sammler, die mir verraten, was sie wo gefunden haben, und mir sogar manchmal etwas von ihrer Ausbeute abgeben. Sie erklären mir, wie ich diesen Pilz zubereiten müsse (in Scheiben geschnitten, in Semmelbrösel gewendet und frittiert) und wie man Riesenfenchel (tödlich) und Wildfenchel (köstlich) unterscheiden könne.

Abgesehen von dieser gegenseitigen Hilfsbereitschaft hat das Sammeln noch weitere schöne Seiten. Es verleiht einem dieses zufriedene Gefühl, umsonst frisches Essen zu finden. Man ist aktiv, man wandert und bewegt sich im Freien (was ich sehr liebe) und man entdeckt immer wieder etwas Neues und Reizvolles.

Eine weitere Motivation für mich und wahrscheinlich auch für andere Sammler ist die Sehnsucht nach köstlichen, wilden Zutaten.

Selbst Luca, der ungern im Freien unterwegs ist – ein Mann, der keinen Strand mag, weil es dort »zu viel Sand« gibt –, kann sich, angelockt von der Aussicht auf einen Teller Nudeln mit wildem Spargel, fürs Sammeln begeistern.

Es ist unheimlich befriedigend, Pflanzen zu sammeln, die sonst gerne mal links liegen gelassen und im schlimmsten Fall als Unkraut betrachtet werden. Doch viele Menschen schwören auf die heilenden Kräfte essbarer »Unkräuter«.

In Italien wird das Wort *radice* (Wurzel) für jede Pflanze mit saftiger Wurzel und bitteren Blättern verwendet, wie etwa für die Radicchio-Familie und den Löwenzahn.

Das Wort *erbe* (Kräuter) bezieht sich auf jedes schmackhafte, salatähnliche Blatt, einschließlich Gras, Wildfenchel, Sauerampfer, Borretsch, Portulak und wilder Spargel. Sie wachsen allesamt in unserem Teil von Sardinien und die meisten habe ich sogar in England gefunden.

KICHERERBSEN MIT WILDFENCHEL UND SCHINKEN

Ceci con Finocchio e Guanciale

Es ist allgemein bekannt, dass Kichererbsen, die über Nacht in Wasser eingeweicht und dann eine Stunde gekocht werden, köstlich sind.

Es gibt Kichererbsen und *Kichererbsen* auf dieser Welt, die Qualität ist entscheidend. Es ist wichtig, gute getrocknete Kichererbsen zu finden. Nehmen Sie sich vor den kleinen steinharten, dunklen Kugeln in Acht. Wählen Sie bevorzugt eine einheitlich große, helle, cremefarbene Sorte. Sie sollten außen etwas rau sein, denn ich traue den glatten nicht. Weichen Sie die Kichererbsen 24 Stunden in reichlich kaltem Wasser ein und garen Sie sie dann nach unten stehendem Rezept und Sie werden nie wieder minderwertige Kichererbsen verwenden und dann davon enttäuscht sein.

Es ist eine echte Kunst, Hülsenfrüchte zu garen, und die beherrschen die Sarden. Ich liebe es, Kichererbsen zuzubereiten, denn für mich verkörpern sie die Essenz des Kochens: das Kombinieren. Mit den Hülsenfrüchten gelingt das wunderbar, sie schmecken zu allem, was Sie gerade zur Hand haben oder was gerade wächst.

Die Kichererbsen sind als *ceci* bekannt und ein sehr klassisches sardisches Gericht für die letzten Winterwochen und das Frühjahr. In Lucas Familie wird kurz nach Neujahr immer ein Schwein geschlachtet und etwas von der in Salz gepökelten Haut kommt mit zu den Kichererbsen in den Topf. Ich habe sie hier durch Guanciale ersetzt, aber wenn Sie gute Schweinehaut bekommen können, dann nehmen Sie diese. So wie Erbsen und Schinken ein perfektes Paar bilden, so passen auch Kichererbsen gut zu Fleisch. Die nussige Süße wird durch den am Straßenrand wachsenden Wildfenchel noch unterstrichen.

Traditionell werden Hülsenfrüchte und Bohnen auf Sardinien im Terrakottatopf gegart, der angeblich für einen besseren Geschmack sorgt. Ich war anfangs skeptisch, bin aber nun bekehrt – die Kichererbsen schmecken wirklich besser! Es ist eine schöne Sache, einen besonderen Tontopf zum Garen von Bohnen zu besitzen. Ich bin ohnehin ein großer Fan von speziellen Töpfen für unterschiedliche Sachen, es macht das Kochen einfach spannender.

Sie können dieses Rezept ändern, je nachdem, was Sie gerade in der Küche haben; es ist äußerst variabel.

FÜR 6 PERSONEN

1 Zwiebel, geschält und gewürfelt
4 Knoblauchzehen, geschält und klein geschnitten
2 Lorbeerblätter
2 Stangen Staudensellerie, gewürfelt
1 kleine getrocknete rote Chilischote, zerstoßen
1 große Handvoll gehackter Wildfenchel oder 1 Fenchelknolle, klein geschnitten, mit Grün, plus mehr Grün zum Garnieren
4 EL Olivenöl, plus etwas mehr zum Garnieren
50 g Guanciale oder Pancetta, gewürfelt (nach Belieben)
500 g Kichererbsen, 24 Std. in kaltem Wasser eingeweicht und abgetropft
3 sonnengetrocknete Tomaten
Meersalz

In einer Pfanne mit hohem Rand bei mittlerer Hitze Zwiebel, Knoblauch, Lorbeerblätter, Sellerie, Chili und Fenchel 10 Minuten in Olivenöl weich dünsten.

Guanciale hinzufügen und bei geringer Hitze 5 Minuten leicht bräunen lassen.

Kichererbsen, Tomaten und 1 l Wasser hinzufügen. Mit schräg aufgelegtem Deckel bei geringer Hitze 1 Stunde oder etwas länger garen, bis die Kichererbsen vollständig weich sind. Mit Salz würzen. Mit einem Spritzer besten Olivenöls und etwas frischem Fenchelgrün (und eventuell etwas Käse) garnieren.

LINSEN-KASTANIEN-SUPPE MIT RICOTTA UND SALBEI

Zuppa di Lenticchie, Salvia, Castagne e Ricotta

So isst man diesen braunen, nahrhaften Brei am besten. Wenn Gerichte reden könnten, dann würde dieses hier sagen: »Willkommen zu Hause«.

Servieren Sie mit den ersten Clementinen der Saison dieses Linsengericht und ein oder zwei Stück *panforte* (süßes italienisches Gebäck), und Sie haben gleich das perfekte Winteressen.

Sie können rohe Kastanien entweder kochen oder rösten oder sie direkt vorgekocht kaufen. Ich liebe es, frische geröstete Kastanien zu essen, aber ich mag es überhaupt nicht, sie vor dem Kochen zu schälen. Deshalb habe ich für dieses Rezept fertig gegarte gekauft.

FÜR 4–6 PERSONEN

250 g kleine braune Linsen
1 Zwiebel, geschält und gewürfelt
1 Karotte, geschält und gewürfelt
1 Stange Staudensellerie, gewürfelt
3 EL Olivenöl, plus etwas mehr zum Garnieren
3 Salbeiblätter
50 g Pancetta, gewürfelt
2 Lorbeerblätter
120 ml Rotwein
700 ml Hühner- oder Gemüsebrühe oder Wasser
150 g vorgegarte, geschälte Kastanien
Meersalz
100 g Ricotta
gebratene Salbeiblätter (nach Belieben)

Die Linsen in einer Schüssel mit kaltem Wasser bedecken und waschen. Mögliche verunreinigte oder verschrumpelte Exemplare aussortieren. Die Linsen abtropfen lassen und beiseitestellen.

In einem Topf bei mittlerer Hitze Zwiebel, Karotte und Sellerie im Olivenöl mit dem Salbei anbraten. Umrühren und den gewürfelten Pancetta hinzufügen. Etwa 10 Minuten schmoren, bis der Schinken zu bräunen beginnt. Linsen, Lorbeerblätter, Wein und Brühe mit 100 g Kastanien hinzufügen. Die restlichen zum Garnieren zunächst beiseitestellen. Alles fast zum Kochen bringen und dann 30–40 Minuten garen, bis die Linsen gerade weich sind.

Mit Meersalz abschmecken und mit einigen Klecksen Ricotta garnieren. Mit dem Olivenöl beträufeln, die restlichen klein geschnittenen Kastanien darauf anrichten und servieren. Sie können alternativ einige Salbeiblätter in Öl braten und zum Garnieren verwenden.

EIER IN TOMATENSAUCE MIT NOTENPAPIERBROT

Pane Frattau

Überall auf der Welt findet man unterschiedliche Variationen eines Gerichts aus Tomaten und Eiern. Da gibt es die viel geliebte Shakshuka und die italienischen »Eier im Fegefeuer« – und natürlich das sardische *pane frattau* (gebrochenes Brot auf Sardisch). Zu diesem Gericht gibt es auch eine nette Geschichte: Einst bewahrten die Hirten ihre Scheiben *pane carasau* in ihren Satteltaschen auf, während sie von zu Hause fort waren, um die Schafe zu hüten. Nachdem sie die größeren Platten gegessen hatten, wurden die gebrochenen Stücke, die noch unten in den Satteltaschen waren, in Brühe eingeweicht, zusammen mit Tomatensauce und Käse geschichtet und mit einem Ei darauf gekocht. Ein Gericht, geboren aus Notwendigkeit und Sparsamkeit.

Traditionell wird die Tomatensauce zwischen übrig gebliebene Stücke *pane carasau* geschichtet. Das Brot wird dabei vorher in Brühe eingeweicht. Das Ganze wird gebacken und zum Schluss mit einem pochierten Ei und etwas geriebenem Pecorino garniert.

Ich habe das Gericht etwas aufgepeppt und die traditionelle Zubereitung ein wenig abgeändert, damit auch diejenigen, die nicht ständig Brühe vorrätig haben, es nachkochen können. Zudem habe ich es etwas vereinfacht und alles in einer Form zubereitet. Sie müssen also das Ei nicht separat pochieren.

Heraus kommt ein exzellenter Brunch oder ein gutes Mittagsgericht. Fast wie eine falsche Lasagne, nur viel schneller zubereitet, vegetarisch und genauso gut.

Sie werden überrascht sein, wie viel Flüssigkeit das *pane carasau* aufsaugt – es erhält eine fast nudelartige Konsistenz.

Es ist zwar nicht traditionell, aber ich streue gern noch einige Prisen Chiliflocken darüber.

FÜR 4 PERSONEN

- 1 Portion Nonnas Tomatensauce (Seite 135)
- 800 ml heiße Brühe, möglichst selbst gemacht oder gekauft und dann in guter Qualität
- 8 Platten *pane carasau*
- 150 g Pecorino, gerieben
- 1 Handvoll Basilikumblätter, zerkleinert
- Meersalz
- 4 Bio-Eier
- 1 Prise Chiliflocken (nach Belieben)
- grüner Salat als Beilage

Backofen auf 200 °C vorheizen.

Die Sauce und die Brühe in zwei Töpfen einzeln aufwärmen.

Eine schöne Auflaufform mit hohem Rand auswählen (ich nehme am liebsten eine runde Terrakottaform). Den Boden mit dem *pane carasau* auslegen. Großzügig eine Kelle mit warmer Brühe darübergeben und das Brot einweichen lassen. Dann etwas Tomatensauce darauf verteilen und mit 1 Handvoll Käse bestreuen. Einige zerkleinerte Basilikumblätter hinzufügen und mit Meersalz würzen.

Diesen Vorgang wiederholen und das eingeweichte Brot, die Sauce und den Käse wie bei einer Lasagne schichten. Mit dem restlichen Käse und dem Basilikum enden.

Ich mache meist 4–6 Schichten. Falls danach noch etwas Brühe übrig sein sollte, diese rund um den Rand träufeln, damit auch alles schön von Flüssigkeit bedeckt ist.

Zum Schluss kleine Mulden in den Auflauf drücken und die Eier darin aufschlagen. Mit dem restlichen Käse und dem Basilikum bestreuen, mit 1 Prise Salz und 1 kleinen Prise Chiliflocken würzen und die Auflaufform für 20–30 Minuten in den vorgeheizten Backofen stellen. Dann sollte das Eiweiß gestockt sein. Dazu einen grünen Salat servieren.

21

FÜNF

TERRA

Gebackenes Hähnchen mit Zitrusfrüchten, Fenchel und Weißwein • *Von gebratenem Hähnchen und anderen Geschichten* • Brathähnchen auf italienische Art • Pochiertes Hähnchen mit Fregola, Minze und Aioli • Wachtel mit Kapern • Schweinefleisch in Sardellensauce • Gebratenes Spanferkel • Schweinefleisch in Nelkenmilch gegart • Pochiertes Schaffleisch mit Gemüse • Brühe und Suppe

MACELLERIA

TERRA

Fleisch ist ein wichtiger Teil der sardischen Küche. Schaffleisch wird in England, warum auch immer, nur wenig gegessen. In Sardinien hingegen ist es weit verbreitet, *pecora* zu essen. Dieses ausgewachsene Schaf lebt in den sardischen Bergen ein nobles Leben in freier Natur, bevor es ihm schließlich an den Kragen geht. Der Geschmack ist sehr besonders. Schweine- und Lammfleisch werden am meisten gegessen, daneben gibt es gelegentlich Hähnchen und hier und da etwas Rind-, Pferde- oder Eselfleisch (Sarden sind nicht zimperlich). Die Fleischwirtschaft ist auf Sardinien recht klein und viele sind glücklich, dass das meiste Fleisch auf der Insel von heimischen Tieren kommt (aus Freilandhaltung und auf dem Bauernhof geschlachtet).

Spanferkel gehört zu den legendären Gerichten der Sarden. Meist auf dem Spieß über einem offenen Feuer gebraten, ist es der Mittelpunkt jeder sardischen Feier. Luca hat wie viele andere Sarden die Angewohnheit, alles als »klein« zu bezeichnen. Das kommt wahrscheinlichen von der italienischen Vorliebe für Verkleinerungsformen. Selbst das Wort »klein« *(piccola)* wird zu »sehr klein« *(piccolina)*. Ein freches Mädchen, *monella*, wird zu einem kleinen frechen Mädchen, *monellina*. Ein Bier, *birra*, wird zu *birretta*. Luca verbringt (wie die meisten Sarden) einen Großteil seines Lebens im *giro* (die Runde machen), da mal ein »kleines Bier« oder dort ein »kleines Sandwich« und dann »ein kleines Nickerchen« und wenn man dann zum Mittag- oder Abendessen eingeladen ist, dann heißt es unweigerlich, man äße lediglich ein »kleines Schwein«. Dadurch, dass man sie als klein bezeichnet, werden die Dinge lebenswert und können als Entschuldigung herhalten – »aber *amore*, es war nur ein ›kleines Bier‹« –, und wie im Falle des »kleinen Schweines« war dieses dann auch noch köstlich. Schweine werden meist zu Hause gehalten und geschlachtet, wenn sie die richtige Größe haben. Alberto (Lucas Vater) hat jedes Jahr mehrere Ferkel und füttert sie mit Essensresten und selbst angebautem Reis. Dann schlachtet er zwei Drittel und zieht die anderen weiter auf, bis sie ausgewachsen sind. Nachdem die Schweine gesäubert und gut gesalzen sind, werden sie langsam über dem offenen Feuer gebraten. Sobald die Haut schön kross ist, werden die Spanferkel auf einer großen Korkschale mit Myrtenzweigen serviert. Die Myrte aromatisiert das Fleisch, das herrlich weich und saftig ist. Dieses Schauspiel sollte man sich nicht entgehen lassen!

Es versteht sich eigentlich von selbst, aber halten Sie unbedingt Ausschau nach qualitativ gutem Fleisch aus nachhaltiger Zucht. Es schmeckt zudem auch viel besser.

GEBACKENES HÄHNCHEN MIT ZITRUSFRÜCHTEN, FENCHEL UND WEISSWEIN

Pollo con Arancia Amara, Finocchio, Vino Bianco e Olive

Sarden lieben es, Fleisch mit Oliven zu schmoren, damit es diese köstliche Salzigkeit erhält. Und sie lieben es, Fenchel unter dem geschmorten Fleisch zu garen, damit er durch die austretenden Fleischsäfte weich und süß wird. Das im Backofen mit Orange und Fenchel gebackene Hähnchen – das auf ein großartiges Rezept von Nigella zurückgeht und eines meiner Lieblingsgerichte war, als ich noch in England lebte – wird auf sardische Art zubereitet, und es ist zu einem Lieblingsessen unserer Familie avanciert.

FÜR 4–6 PERSONEN

abgeriebene Schale und Saft von 1 Bio-Zitrone und 1 Orange oder 1 Sevilla-Orange
3 EL Dijon-Senf
4 EL Olivenöl extra vergine, plus etwas mehr zum Beträufeln
2 TL Meersalz
2 TL Fenchelsamen
650 ml Weißwein
2 Fenchelknollen, in Streifen geschnitten, das Grün zum Garnieren aufbewahrt
8 Hähnchenschenkel, mit Knochen und Haut
1 Handvoll grüne Oliven

Für die Marinade den Zitronenabrieb, den Saft von Zitrone und Orange, Senf, Olivenöl, Salz, Fenchelsamen und Weißwein verrühren.

Jede Fenchelknolle längs vierteln und dann jedes Viertel der Länge nach in drei Streifen schneiden.

Fenchelstreifen, Hähnchen und die Marinade in einen verschließbaren Plastikbeutel geben und im Kühlschrank einige Stunden kühl stellen, möglichst über Nacht.

Den Backofen auf 200 °C vorheizen.

Den gesamten Inhalt des Beutels in eine Fettpfanne geben und die Hähnchen mit der Haut nach oben hineinlegen. Die Oliven darauf verteilen. Zusätzlich etwas Olivenöl auf die Hähnchen träufeln (damit sie besser bräunen). Im vorgeheizten Backofen 1 Stunde garen, bis das Hähnchen braun und der Fenchel weich ist.

Herausnehmen und die Sauce 1–2 Minuten einkochen. Dazu die ganze Form auf die Herdplatte setzen oder die Flüssigkeit in einen separaten Topf gießen. Die Sauce sollte die Konsistenz einer schönen dicken Bratensauce haben.

Mit Sauce beträufeln und mit Fenchelgrün garnieren.

VON GEBRATENEM HÄHNCHEN UND ANDEREN GESCHICHTEN

Ich wuchs mit dem klassischen Sonntagsbraten und seinen Beilagen auf, was noch heute das Lieblingsgericht meines Vaters ist.

Als ich nach Sardinien zog, merkte ich, dass ein Braten für Sarden etwas völlig anderes ist. Natürlich gibt es gebratenes Fleisch und gebratene Kartoffeln, aber beides wird in Olivenöl gegart und schmeckt ganz anders. Und vor allem gibt es keine Bratensauce – in der italienischen Kultur existiert so etwas nicht. Für meinen Vater war das ein herber Schlag; er liebt Bratensauce. Als ich Luca das erste Mal mit nach Hause brachte, bereitete mein Vater für uns einen Lammbraten zu. Für Luca war das eine Offenbarung.

»Was ist das für eine ›Sauce‹?«, fragte er.

»Das ist nicht irgendeine Sauce, du Dummkopf, das ist BRAAATENSAUCE!«, war die stolze Antwort meines Vaters.

Luca spricht noch heute ganz andächtig von »DER Bratensauce«, wie er sie liebevoll nennt.

Eines Tages plante ich, für meine sardische Familie eine Art »britisch-italienisches« Abendessen zu kochen. Gebratenes Hähnchen mit italienischer Note und einer Variante der Bratensauce. Ich bat meine Nachbarin um frischen Rosmarin. Sie brachte mir einen ganzen Arm voll und wollte wissen, was ich damit vorhatte. Ich erklärte ihr, dass ich ein Brathähnchen mit Sardellen, Rosmarin, Zitrone und Butter zubereiten wollte. Sie nickte anerkennend, als ich die ersten drei Zutaten nannte, und schreckte entsetzt zurück, als ich das »B«-Wort aussprach. »Noooo, noooo, ganz schlecht! Butter sehr schlecht – nur Olivenöl, immer!« Sie drohte mit dem Finger. Ich blieb bei meinem Vorhaben.

Als Nächstes musste ich ein Hähnchen besorgen. Ich schaute in unseren Gefrierschrank und fand ein schönes Exemplar, das für mein Empfinden perfekt war. Ich ließ es über Nacht auftauen und ging zu Bett.

Kurz vor Mitternacht kam Luca von der Arbeit nach Hause und entdeckte das auftauende Hähnchen auf der Küchenanrichte.

»Letiiiizia«, brummte er, als er ins Schlafzimmer kam. »Warum nimmst du das Hähnchen meines Vaters aus dem Tiefkühlschrank und lässt es einfach SO liegen?«

»Nun«, murmelte ich verschlafen, »ich dachte, ich könnte es morgen Abend für uns zubereiten.«

»Für uns? Das ist das Hähnchen meines Vaters. Er hat es selbst aufgezogen, mein Bruder hat es mit seinen Händen getötet und du willst es nur für uns zubereiten? Dieses Hähnchen macht NEUN LEUTE satt! Und morgen ist DIENSTAG! Das kannst du nicht machen. Das hier ist nicht England!«

Am nächsten Tag zur Mittagszeit waren wir bei Nonna, um abzusprechen, wo und wie wir das Hähnchen kochen konnten und wen wir zum Essen einladen sollten. Familienangehörige wurden eingeladen. Zufällig würden auch zwei italienische Freunde am nächsten Abend dabei sein. Wie überall auf Sardinien ist eine Feier schnell organisiert. Es kamen fünfzehn Leute und sie brachten Brot, Wein, Käse und Salami mit. Ich machte mich an die Zubereitung des Hähnchens. Es war noch vollständig: Hals, Innereien und Füße waren noch dran. Das meiste Fleisch, das ich bisher zubereitet hatte, war vakuumverpackt und gesäubert gewesen und hatte mit dem Tier, von dem es kam, nicht mehr viel gemein gehabt. Dieses Hähnchen hier war definitiv ein Tier und es fühlte sich seltsam an, es zuzubereiten. Ich begann zu verstehen, warum Luca darauf beharrt hatte, das Hähnchen mit Respekt zu kochen und zu essen.

Ich erkannte, dass dies ein bedeutungsvoller Augenblick war. Für meine sardische Familie war das Hähnchen mehr als nur ein Hähnchen. Es stand stellvertretend für harte Arbeit, Geben und Nehmen, Feiern, Dankbarkeit und Familie. Ich verstand, dass dies eigentlich bei allen Lebensmitteln so sein sollte. Gegenüber am Tisch grinste mich eine zahnlose Nonna an.

Wir alle aßen etwas Hähnchen. Sardellen, Zitronen und Rosmarinbutter passten perfekt dazu und vermischt mit den Geflügelsäften wurde daraus eine köstliche »Braten-Sauce«. Alle liebten es und diese kulinarische Mischung meiner beiden Lieblingsländer bleibt noch stets eines meiner Lieblingsgerichte und sie lehrte mich die wichtige Lektion, nichts als selbstverständlich anzusehen.

BRATHÄHNCHEN AUF ITALIENISCHE ART

Pollo Arrosto con Burro al Rosmarino e Acciughe

Perfekt für ein entspanntes Essen. Viel Wein, frisches Brot und ein grüner oder bitterer Blattsalat sind die einzigen Dinge, die es noch braucht.

FÜR 6–8 PERSONEN

1 Hähnchen à 1,6 kg
Meersalz und schwarzer Pfeffer aus der Mühle

Für die Rosmarinbutter

1 kleine Dose Sardellen (oder 12–14 Filets)
abgeriebene Schale und Saft von 1 kleinen Bio-Zitrone
2 Knoblauchzehen, geschält, halbiert
200 g Butter
2 EL gehackte Rosmarinnadeln

Den Backofen auf 180 °C vorheizen.

Das Hähnchen rundum, innen und außen, leicht mit Salz und Pfeffer würzen.

Für die Rosmarinbutter alle Zutaten mit dem Pürierstab zu einer glatten Masse verarbeiten. Eventuell noch etwas würzen.

Etwas von der Butter in der Bauchhöhle, unter der Haut und rundum auf der Brust verteilen. Den Rest mit den Händen auf dem Hähnchen verstreichen.

Mit der Brust nach unten in eine Fettpfanne legen und im vorgeheizten Backofen 45 Minuten braten. Herausnehmen, wieder rundum mit dem Bratensaft einpinseln und nun mit der Brust nach oben zurück in den Ofen schieben. Diesen nun auf 200 °C erhitzen und das Hähnchen weitere 20 Minuten braten. Zur Garprobe mit einem Metallstäbchen an der dicksten Stelle des Schenkels ins Fleisch stechen. Ist der austretende Saft hell und klar, dann ist das Hähnchen ausreichend gegart. Ansonsten zurück in den Backofen schieben und noch etwas länger braten. Das fertige Hähnchen vor dem Schneiden einige Minuten ruhen lassen und dann servieren.

POCHIERTES HÄHNCHEN MIT FREGOLA, MINZE UND AIOLI

Fregola in Brodo, Pollo Lesso e Aioli

Pochieren ist eine wundervolle und oftmals in Vergessenheit geratene Art der Fleischzubereitung. Es ist unglaublich einfach, überraschend schnell und das Ergebnis ist immer ein saftiges und wohlschmeckendes Stück Fleisch. Es bedeutet aber auch, dass Sie im Handumdrehen mehr als ein Essen zubereitet haben oder zumindest zwei Gänge gleichzeitig. Durch das Pochieren erhalten Sie eine wunderbare Brühe, mit der Sie eine Minestrone zubereiten oder eine einfache Brühe auf den Tisch zaubern können. Für dieses Gericht wird die Fregola in der Brühe gegart, die als erster Gang serviert wird, während das köstliche zarte Fleisch das Hauptgericht darstellt.

Hühner werden von vielen sardischen Familien gehalten und für besondere Anlässe geschlachtet. Wenn sich durch Ihren Besuch ein Freund oder Familienangehöriger gemüßigt fühlt, ein Hühnchen zu schlachten, dann sollten Sie sich sehr geehrt fühlen.

Traditionell wird das pochierte Huhn nach dem Kochen in Myrtenblätter gewickelt, um das Fleisch damit zu aromatisieren. Wenn Sie Myrte im Garten haben, dann empfehle ich Ihnen, sie zu verwenden. Die Aioli mag zwar nicht klassisch sein, ist aber eine köstliche Beilage.

FÜR 4 PERSONEN

1 Hähnchen à 1,6 kg
1 Zwiebel, geschält und halbiert
1 Karotte, geschält und halbiert
1 Kartoffel, geschält, halbiert
2 Stangen Staudensellerie, halbiert
Meersalz
1 Handvoll Petersilienstängel
150 g Fregola
1 Handvoll Minzeblätter
Olivenöl extra vergine zum Beträufeln

Für die Aioli

2 Eigelb (Bio-Eier)
1 geh. TL Meersalz
1 TL Senf (nach Belieben)
2 Knoblauchzehen, geschält und fein gewürfelt
200 ml Olivenöl extra vergine in bester Qualität
100 ml neutrales Pflanzenöl, z. B. Sonnenblumenöl
2 EL frisch gepresster Zitronensaft

Das Hähnchen aus dem Kühlschrank nehmen und auf Zimmertemperatur bringen. Zusammen mit dem Gemüse, einer ordentlichen Prise Salz und der Petersilie in einen großen Suppentopf (ausreichend für alle Zutaten) geben. So viel Wasser zugießen, dass alles vollständig davon bedeckt ist.

Sprudelnd aufkochen lassen, den Deckel auflegen und die Hitze stark reduzieren. Bei niedrigster Hitze 1 Stunde kochen.

Anschließend zur Garprobe mit einem Metallstäbchen an der dicksten Stelle des Schenkels ins Fleisch stechen. Ist der austretende Saft hell und klar, dann ist das Hähnchen ausreichend gegart. Dann aus dem Topf heben, locker in Aluminiumfolie wickeln und beiseitestellen. Die Brühe weitergaren, bis sie einen schönen würzigen Geschmack hat (sie sollte jedoch nicht zu salzig sein).

Die Fregola in die fertige Brühe geben.

Diese unter ständigem Rühren gerade *al dente* garen (das sollte etwa 7–10 Minuten dauern). Die Hälfte der Minzeblätter klein schneiden und unter die Fregola mischen. Falls nötig, noch etwas salzen.

Die Fregola und die Brühe in Suppenschälchen füllen und mit etwas Olivenöl beträufelt als *primo* servieren.

Für die Aioli die Eigelbe in einer kleinen Schüssel mit Salz, Senf und Knoblauch verquirlen. Die Öle langsam hineintröpfeln, bis sie sich unter kräftigem Schlagen mit der Masse verbunden haben. Den Zitronensaft hinzufügen. Alles gut mischen und eventuell noch mehr Zitronensaft oder Salz zufügen. Durch Zugabe von kaltem Wasser wird die Aioli etwas dünnflüssiger.

Das Hähnchen aufschneiden und auf einer Servierplatte anrichten. Mit Olivenöl beträufeln und mit einigen Meersalzflocken und den restlichen Minzeblättern bestreuen. Die Aioli dazu servieren.

WACHTEL MIT KAPERN

Quaglia al Vino con Capperi

Diese winzigen Vögel sind günstig und schmackhaft. Sie laden dazu ein, mit den Fingern zu essen und an den Knochen zu nagen, genauso, wie ich es am liebsten mag.

Dies hier ist die klassische sardische Art, Wachteln zuzubereiten. Kapern und Geflügelsäfte verbinden sich mit Knoblauch und Wein zu einer köstlichen, pikanten Sauce. Das beste und einfachste Wachtelrezept, das ich kenne.

Servieren Sie dazu einen bitteren Blattsalat und Brot, um die Sauce aufzutunken.

FÜR 2 PERSONEN

2 Wachteln, küchenfertig
Meersalz
3 EL Olivenöl
2 Knoblauchzehen, geschält und halbiert
1 Handvoll Petersilie, gehackt
1 EL Kapern
2 kleine Gläser Vernaccia oder ein anderer trockener Weißwein oder Sherry
bitterer Blattsalat als Beilage
knuspriges Brot als Beilage

Die Wachteln rundum mit Salz würzen.

In einer hohen Pfanne mit Deckel das Olivenöl auf mittlere Temperatur erhitzen und den Knoblauch darin 1 Minute duftend anbraten.

Die Wachteln in die Pfanne geben und im Knoblauchöl braun anbraten, dabei alles immer wieder wenden, damit nichts anbrennt. Wenn sie rundum braun sind, Petersilie, Kapern und Wein hinzufügen. Den Deckel schräg auflegen und alles etwa 8 Minuten köcheln lassen.

Anschließend kontrollieren, ob die Wachteln ausreichend gebraten sind. Ihre Beine sollten sich leicht von ihren Körpern lösen lassen.

Die Sauce nach Belieben noch etwas einkochen.

Die Wachteln auf Tellern anrichten, Kapern und Bratensaft darüber verteilen. Bitteren Blattsalat und knuspriges Brot zum Eintunken dazu servieren.

SCHWEINEFLEISCH IN SARDELLENSAUCE

Vitello Tonnato (Sardinian style)

Für ihre Spezialität benutzt Franca Schweine- statt Kalbfleisch. Letzteres findet man auf Sardinien nicht häufig, wohingegen Schweinefleisch allgegenwärtig, billiger und (meist) auch artgerechter ist. Es ist echt typisch sardisch, möglichst überall etwas Schweinefleisch hineinzumogeln. Ich habe schon unzählige Geschichten zu dieser Eigenart gehört und habe es inzwischen auch viele Male auf diese Weise gegessen. Ich kann nur sagen, dass es sich lohnt – ich bereite das Gericht inzwischen auch immer so zu.

FÜR 4 PERSONEN

1 magere Schweinelende
3 Karotten, geschält
8 festkochende Kartoffeln, geschält und halbiert
2 Stangen Staudensellerie, halbiert
1 Zwiebel, geschält und halbiert
1 Lorbeerblatt
einige Petersilienstängel
2 TL Meersalz

Für die Mayonnaise

2 Eigelb (Bio-Eier)
1 geh. TL Salz
200 ml Olivenöl extra vergine bester Qualität
100 ml neutrales Pflanzenöl, z. B. Sonnenblumenöl
1 TL Rotweinessig
1 EL frisch gepresster Zitronensaft

Für die Sauce

1 Portion Mayonnaise (siehe oben)
1 TL Kapern, plus etwas mehr zum Garnieren
100 g Thunfisch (entspricht dem Inhalt 1 kl. Dose, abgetropft)
4 Sardellen, plus etwas mehr zum Garnieren
1 Spritzer Zitronensaft (nach Belieben)
fein gehacktes Basilikum zum Garnieren

Das Schweinefleisch mit dem Gemüse und den Kräutern in einen hohen Topf geben und kaltes Wasser hinzugießen, sodass alles vollständig davon bedeckt ist. Salzen und auf den Herd stellen. Aufkochen und dann etwa 20 Minuten köcheln lassen, bis das Schweinefleisch gar ist. Es sollte eine Kerntemperatur von 60 °C haben. Anschließend herausheben und auskühlen lassen. Dann 30 Minuten in den Kühlschrank stellen. Wenn das Gemüse noch nicht ausreichend gegart ist, noch etwas weiterköcheln lassen. Herausnehmen und erkalten lassen.

Sie können die Kartoffeln als Beilage zum *Tonnato* essen, angemacht als einfacher Salat mit Olivenöl, Salz, Essig und Petersilie. Die Karotten können schräg in vier Abschnitte geschnitten werden und zum Garnieren des *Tonnato* verwendet werden.

Für die Mayonnaise die Eigelbe in einer Rührschüssel mit Salz würzen und alles verquirlen. Die Öle in feinem Strahl hinzugießen, bis die Masse sich gut verbunden hat. Dabei die Mischung unbedingt ununterbrochen kräftig schlagen. Essig und einen guten Spritzer Zitrone hinzufügen. Alles verrühren und nach Belieben mit Salz und Zitronensaft verfeinern.

Für die Sauce alle Zutaten mit einem Mixer oder Pürierstab grob oder glatt verarbeiten – ich bevorzuge etwas Struktur, aber die Sauce darf nicht klumpig sein. Nach Bedarf würzen. Soll sie etwas dünnflüssiger sein, noch ein wenig Brühe oder Zitronensaft (je nach Geschmack) unterrühren.

Das Schweinefleisch in dünne Scheiben schneiden, auf einem Servierteller anrichten und mit der Sauce übergießen. Mit Kapern, Sardellen und Basilikum garnieren.

GEBRATENES SPANFERKEL

Maialetto Arrosto

Es ist etwas schwierig, Ihnen hierfür ein Rezept zu geben, da es eher ein Ereignis als eine Formel mit den richtigen Mengen und Methoden ist, aber es wäre ein Sakrileg, ein Buch über die sardische Küche ohne *porcheddu* zu schreiben.

Wenn Sie das Glück haben, ein Spanferkel zu bekommen, dann sollten Sie (falls Sie keinen Drehspieß haben) als Erstes schauen, ob es auch in Ihren Backofen passt. Dann sollten Sie kontrollieren, ob die Fettpfanne Ihres Backofens groß genug ist. Wenn Sie kein »kleines Schwein« finden können – obwohl Ihnen die meisten Metzger eines verkaufen können –, dann wäre Schweinefleisch in guter Qualität ein akzeptabler Ersatz.

Vor langer Zeit, noch vor meinem Leben auf Sardinien, bereitete ich statt Truthahn ein Spanferkel an Weihnachten zu. Es war, milde gesagt, eine traumatische Erfahrung. Das Spanferkel passte kaum in den Backofen – seine Schnauze presste sich wehklagend gegen die Glastür und seine Ohren gerieten während des Bratens in Brand.

Das Endergebnis war zwar wahrlich köstlich, aber ich würde Ihnen nicht empfehlen, dieses Unterfangen in Angriff zu nehmen, es sei denn, Sie verfügen über ausreichend Mut und die richtigen Gerätschaften. Wenn Sie beides haben, dann können Sie sich glücklich schätzen, denn das eigentliche Garen ist recht einfach. Das Fleisch ist so zart und die knusprige Haut und die Fettschichten sorgen für eine perfekte Schutzhülle, sodass eigentlich nichts schiefgehen kann. Selbst, wenn Sie das Spanferkel im Ofen vergessen und es zu lange backen, wird das Fleisch immer noch zart schmelzend sein.

FÜR VIELE ESSER

1 Spanferkel (eventuell beim Metzger vorbestellt)
Meersalz
Myrtenzweige oder Lorbeerblätter zum Garnieren

Den Backofen auf 170 °C vorheizen.

Das Spanferkel rundum, von innen und von außen, mit Meersalz würzen. Aufrecht wie eine Sphinx in die Fettpfanne setzen. Im vorgeheizten Backofen 3–4 Stunden garen, bis das Fleisch auf Druck mit einer Gabel nachgibt. Auf einem Bett von Myrte servieren – so wird es echt sardisch. Ersatzweise auf Lorbeerzweigen anrichten.

SCHWEINEFLEISCH IN NELKENMILCH GEGART

Maiale al Latte

Die Brotsauce meiner Mutter ist der Stoff, aus dem Träume gemacht sind. Schneeweiße Kissen cremiger Süße, ein oder zwei glasige Locken seidener Zwiebel, das Flüstern pikanter Gewürznelken. Stets in demselben französischen grünen Tontopf serviert, zusammen mit gebratenem Hähnchen. Als ich Luca mit diesen Erinnerungen eine Freude machen wollte, war er entsetzt von der Vorstellung, milchiges, durchweichtes Brot mit gebratenem Fleisch zu essen.

Zwar gibt es Brotsauce in Italien nicht, doch statt Fleisch mit einer milchigen Sauce zu essen, wird das Fleisch hier traditionell in Milch gegart. Das ist ein bekannter und beliebter Klassiker und in ihrem berühmten Bolognese-Rezept empfiehlt Marcella Hazan, das Hackfleisch in Milch zu garen, damit es zarter und geschmackvoller wird. Auf diese Weise gekochte Milch wird süß und nussig, mit einem Hauch von Karamell und Käse. Es ist ein bisschen so, als würde man Fleisch zu einer mit Käse aromatisierten Sahne essen. Die geronnene Milch hat die gleiche Karamellnote wie ein gut gereifter Parmesan.

Franca erzählte mir von einem sardischen Rezept für in Gewürznelkenmilch gegartes Fleisch. Das hatte sie von ihrer Schwiegermutter, und ich schätze, dass es aus Norditalien nach Süden durchgesickert ist, denn dort wird Milch häufiger in der Küche verwendet. Nonna Titia kochte auch ihre Minestra gern in Milch. Wie auch immer, ich probierte es und es erinnerte mich an die Brotsauce meiner Mutter. Es ist die gleiche berauschend süße, pikante und würzige Mischung. Eine glückliche Begegnung zwischen meiner alten und meiner neuen Heimat. Luca kann mich mal. Dieses Gericht ist sehr, sehr beigefarben, aber das sollte Sie nicht abschrecken, denn es ist köstlich.

FÜR 8 PERSONEN

- 3 kg Schweineschulter, Knochen und Fett entfernt
- Meersalz
- 4 Gewürznelken
- 3 EL Olivenöl
- 40 g Butter
- 3 Stängel Salbei
- 6 Knoblauchzehen, geschält
- 3 Lorbeerblätter
- 1½ l Milch
- Schale von 2 Bio-Zitronen
- Spinat, kurz gegart

Das Schweinefleisch rundum kräftig mit Meersalz würzen und mit den Gewürznelken spicken.

In einer großen Pfanne mit hohem Rand das Fleisch bei mittlerer Hitze im Olivenöl rundum gleichmäßig anbraten.

In einer Kasserolle die Butter bei mittlerer Hitze zerlassen. Salbei und Knoblauch hinzufügen und in einigen Minuten duftend anbraten.

Lorbeerblätter, Milch und Zitronenschale zugeben. Das Ganze zum Kochen bringen, das Schweinefleisch hinzufügen und den Deckel schräg auflegen, damit der Dampf entweichen kann. Bei geringer Hitze mindestens 3 Stunden garen, bis das Fleisch zart ist und auseinanderfällt, wenn mit einer Gabel hineingestochen wird.

In Scheiben schneiden, etwas zusätzliche Sauce darüberlöffeln und mit dem Spinat servieren.

76

POCHIERTES SCHAFFLEISCH MIT GEMÜSE

Pecora e Verdure

Ich bin eigentlich kein Liebhaber von Schaffleisch, aber dieses Gericht liebe ich wirklich. Es könnte einfacher, bescheidener und köstlicher nicht sein. Es ist ein Zwei-Gänge-Gericht mit Malloreddus, Schaffleischbrühe und Pecorino (Seite 125) als Vorspeise und pochiertem Fleisch und Gemüse als Hauptgang. Es wird am besten mit einem guten, schmackhaften Stück Schaffleisch zubereitet, aber wenn Sie das nicht bekommen können, dann ist Lamm in guter Qualität oder Jungschaf ebenfalls okay.

FÜR 3–4 PERSONEN

- 1 Portion Brühe und Fleisch vom Schaf (Seite 125)
- 3 Zwiebeln, geschält
- 2 getrocknete Tomaten
- 3 kleine Kartoffeln, geschält

Die Brühe wie auf Seite 125 beschrieben zubereiten.

Ausreichend Brühe zum Garen der Nudeln abschöpfen. Dann 200 ml Wasser sowie Zwiebeln, Tomaten und Kartoffeln in den Topf mit Schaffleisch geben, alles sanft aufkochen, den Deckel auflegen und dann 20–30 Minuten garen, bis das Gemüse vollständig weich ist.

Fleisch, Zwiebeln und Kartoffeln mit der Brühe servieren. Jeder kann sich nach Lust und Laune bedienen.

BRÜHE UND SUPPE

Brodo e Minestra

Bis zu meinem Umzug nach Sardinien habe ich Brühe nie zu schätzen gewusst. Aufgewachsen in England, hatten wir zu Hause zwar dann und wann Brühe, aber sie wurde immer als Zutat für die Zubereitung der dicken Sauce zum Sonntagsbraten verwendet und ich habe mir darüber hinaus nie irgendwelche Gedanken gemacht.

Brodo ist in Italien eine Welt für sich. Das liegt vielleicht daran, dass Pochieren und Sieden in der italienischen Küche einen viel größeren Raum einnehmen als in der englischen. Das einzige gekochte Fleisch, das ich als Kind aß, war der gekochte Schinken meiner Großmutter. In England mögen wir unser Fleisch eher gebraten, nicht gekocht. Zumindest in meiner Familie. Hier werden mir ständig Fleischstücke gereicht, die in der sardischen Familie unter *»brodo«* laufen. Ich weiß nicht mal, von welchem Tier das Fleisch kommt, und das macht es ja gerade interessant. Das Pochieren von Fleisch mit Gemüse, Wasser, Kräutern und Gewürzen ist eine unterschätzte Garmethode. Im Prinzip können Sie alles in den Topf geben, mit Wasser bedecken und sich dann um andere Dinge kümmern. Das Fleisch wird zart und saftig und Sie haben zudem direkt eine fertige Sauce oder Brühe, die dazu serviert werden kann. Ein echtes »Ein-Topf-Wunder«.

Die stets sparsamen Sarden haben das Ganze perfektioniert. So hat man nicht nur zwei unterschiedliche Elemente (eigentlich drei, wenn wir das pochierte Gemüse hinzunehmen), sondern auch zwei einzelne Gerichte und Gänge. Das erste Gericht ist die Minestra, die als Nudelgang serviert wird. Die klare Brühe wird abgeseiht und die Nudeln werden darin gegart – serviert wird das Ganze in einer Schale mit reichlich Parmesan. Der zweite (Haupt-)Gang besteht aus zart pochiertem Fleisch und Gemüse, das die Aromen des Fleisches aufgenommen hat. Ich esse dazu gern etwas Mayonnaise und knusprig frisches Brot. Dieses ritualisierte Zwei-Gänge-Essen kommt in unserer sardischen Familie mindestens einmal in der Woche auf den Tisch und ist zu meinem absoluten Lieblingsessen geworden. Diese Aromen, Farben und Texturen sind pures Wohlgefühl.

Eines zeichnet die sardische Art des Pochierens aus und das ist die Verwendung getrockneter Tomaten. Diese geben der Brühe eine abgerundete Säure und Tiefe. Nehmen Sie möglichst die getrockneten und in Salz eingelegten (die zuerst gründlich abgespült werden müssen) und nicht die in Öl. Wie bei den meisten guten Dingen, so gilt auch hier: Es ist schwierig, ein exaktes Rezept für die Zubereitung der Brühe zu geben. Stattdessen gebe ich Ihnen folgenden Ratschlag an die Hand:

Die Länge der Garzeit und die Menge des zugegebenen Wassers hängen von der Art des Fleisches ab, das Sie pochieren, oder von der Brühe, die Sie zubereiten wollen.

GRUNDBRÜHE

Die Konstante hier ist das Gemüse, das die Basis der Brühe bildet. Für die folgenden Brühen brauchen Sie:

1 Karotte, geschält
1 große festkochende Kartoffel, geschält
2 getrocknete Tomaten
1 Stange Staudensellerie
1 kleine weiße Zwiebel, geschält

Alle Zutaten mit dem Fleisch nach Wahl in einen Suppentopf geben und diesen Anleitungen folgen:

HÜHNERBRÜHE

Für 500 g Hühnchen, entweder ganz oder in Teilen, brauchen Sie 1½ l Wasser. Hühnchen gart schneller als rotes Fleisch – meist 30 Minuten oder weniger. Deshalb verdampft auch weniger Flüssigkeit. Sie haben zunächst einmal eine große Menge Wasser und Ihre Brühe bleibt immer noch geschmacklos und dünn, auch nach dem Garen des Hühnchens. Wenn Sie es weiterkochen (um die Flüssigkeit zu reduzieren), wird das Hühnchen austrocknen. Es ist also eine sehr feine Balance.

RINDER- ODER LAMMFLEISCHBRÜHE

Für 500 g Rind- oder Lammfleisch (zum Garen bei niedrigen Temperaturen wie Brust, Schulter oder Hinterteil) brauchen Sie 2 l Wasser. Dieses Fleisch ist fester und muss daher länger gegart werden. Bei mittlerer Hitze 1 Stunde simmern lassen, bis es zart ist.

Mit Salz würzen.

Nun haben Sie das weiche, köstliche Gemüse und das zarte, saftige Fleisch für Ihren zweiten Gang und die klare aromatische Suppe für den ersten Gang.

MINESTRA

Nachdem Sie die Brühe zubereitet haben, können Sie sich an die Minestra für den ersten Gang machen.

Sie benötigen 2 EL kleine Suppennudeln wie etwa Risone, Puntine oder Stelline und zwei zusätzliche Esslöffel – »zwei für den Topf« (siehe Hinweis). Die Brühe in einem kleinen Topf zum Kochen bringen und die Nudeln hinzufügen. Jede Sorte ist anders, deshalb unbedingt die Packungsanleitung beachten, aber meist müssen sie rund 6 Minuten garen.

Mit einer Kelle in die Suppenschalen füllen und mit geriebenem Parmesan bestreuen. Reichlich knuspriges Brot und pochiertes Fleisch und Gemüse mit selbst gemachter Mayonnaise (Seite 174) oder Aioli (Seite 69) dazu reichen.

HINWEIS

Franca sagt, man müsse 2 zusätzliche Löffel hinzufügen – »*due per la pentola*«. Ich muss dabei immer an meinen Vater denken, wenn er für uns zu Hause Tee kochte; er gab immer »einen extra Beutel für die Kanne« hinzu. Es ist einer dieser Ausdrücke, die mich glücklich machen.

SECHS

MARE

Giuseppes marinierter Lachs • Gebratener Fisch mit Safran-Aioli • Baby-Tintenfisch in Tomatensauce • Gegrillter Tintenfisch mit Zitronen-Kartoffelpüree • Geschmorte Sepia mit Erbsen • Gebackene Brasse mit Kartoffeln • Gefüllte Kalmare • Langusten auf katalanische Art

MARE

Fischen ist auf Sardinien ein relativ junger Wirtschaftszweig. Im Laufe der Geschichte hatte sich Sardinien so an die über das Meer kommenden Invasoren gewöhnt, dass die Menschen ins Inland zogen (daher auch die starke Tradition der Schafzucht). In den türkisfarbenen Gewässern rund um die Insel wurde bis vor Kurzem nicht gefischt. Heute ist der Fischfang jedoch ein wichtiger Wirtschaftssektor. Hier gibt es die besten Fische, die das Mittelmeer zu bieten hat.

Die Großkopfmeeräsche ist in unserer Region besonders verbreitet. Sie wird gekocht oder gegrillt serviert und ist sehr beliebt. Barsch, Schnapper und Brasse sind ebenfalls weit verbreitet, genau wie Kalmar, Tintenfisch, Muscheln und Garnelen.

Wenn Sie einen ganzen Fisch zubereiten, dann sollten Sie nach den frischesten und besten Exemplaren suchen. Frischer Fisch sollte nur nach Meer riechen und helle Kiemen und glänzende Augen haben. Wenn Sie mit Schalentieren kochen, vor allem in Saucen etc., dann ist es praktisch, sie im Tiefkühlschrank vorrätig zu haben. Die Sarden verwenden sie häufig und Qualität (und Preis) sind meistens gut.

GIUSEPPES MARINIERTER LACHS

Salmone au Profumi d'Agrumi

Obwohl das Rezept ursprünglich (und etwas großspurig) »Lachs parfümiert mit Zitronen« lautete, ist es nun allgemein als »Giuseppes Lachs« bekannt.

Giuseppe ist, wenn er sich nicht gerade ein Stück Käse oder eine Scheibe Salami holt, nicht oft in der Küche. Eine Spur aus Krümeln und einige Parmesanrinden sind die untrüglichen Zeichen, dass er da war. Dieses Rezept ist sein ganz eigenes (und möglicherweise sein einziges) Gericht und zudem sehr, sehr gut. Ich habe keine Ahnung, woher er es hat, aber ich mag diesen geheimnisvollen Hauch, der durch die ritualisierte Zubereitung entsteht (allein, ohne Zuschauer).

Der marinierte Lachs ist köstlich und ein schöner Beginn einer jeden Mahlzeit.

FÜR 10 PERSONEN

- 1 ganze Lachshälfte, ohne Gräten und mit Haut
- 1½ kg Meersalz
- 400 g feiner Zucker
- 1 Handvoll Wildfenchel, grob gehackt (oder durch eine klein gehackte Fenchelknolle mit feinen Blättern ersetzen), plus etwas mehr zum Garnieren
- 1 große Bio-Zitrone
- 1 große Bio-Orange
- Olivenöl in bester Qualität zum Beträufeln
- rosa Pfefferkörner zum Garnieren

Zunächst eine ausreichend große Fettpfanne für den Backofen auswählen, in der der ganze Lachs Platz findet. Ein kleines Gestell zum Auflegen des Lachses hineinsetzen (es ist wichtig, dass er etwas erhöht liegt, damit das austretende Wasser beim Marinieren abtropfen kann). Salz und Zucker mit den Fenchelstängeln mischen und die Hälfte der Mischung wie eine weiße Kristalldecke auf dem Lachs verteilen. Zitrone und Orange in kleine Stücke schneiden und über dem Fisch ausdrücken. Dann die Stücke auf dem Salzbett verteilen und die restliche Salz-Zucker-Mischung daraufgeben. Eine zweite Fettpfanne oder ein Backblech zum Beschweren auflegen. Für 9–12 Stunden in den Kühlschrank stellen.

Den Fisch aus der Fettpfanne heben und das Salz abschütteln. Das Filet vorsichtig abspülen und mit Küchenpapier trocken tupfen.

Zum Anrichten in sehr feine Scheiben schneiden und mit dem allerbesten Olivenöl beträufeln. Kräftig mit Pfeffer bestreuen (rosa Pfefferkörner sind sehr dekorativ) und mit einigen Stängeln vom Wildfenchel garnieren.

PESCATUTTO

GEBRATENER FISCH MIT SAFRAN-AIOLI

Fritto Misto con Aioli Zafferano

Dies ist der klassische italienische frittierte Fisch, der auch in Sardinien nicht weniger beliebt ist. Tatsächlich ist er sogar derart beliebt, dass es auf den meisten sardischen Hochzeiten einen Stand gibt, der frisch frittierten Fisch als Snack zum Prosecco anbietet.

Besonders authentisch ist es, den Fisch in Papiertüten zu servieren.

FÜR 6 PERSONEN ALS VORSPEISE

- 1½ l neutrales Pflanzenöl zum Frittieren
- 100 g Hartweizengrieß
- 100 g Weizenmehl Type 405
- 1 kräftige Prise Meersalz, plus etwas mehr zum Anrichten
- 400 g Kalmar, gesäubert und in Stücke geschnitten
- 200 g Garnelen, geschält
- 200 g kleine Fischarten zum Braten, z. B. kleine Meeräsche oder junge Heringe
- Zitronenspalten zum Garnieren
- 1 Portion Safran-Aioli (Seite 69)

Das Öl zum Frittieren auf 190 °C erhitzen (dazu die Hinweise auf Seite 86 beachten).

Ein Gefäß mit weißem Küchenpapier ausgelegt bereitstellen.

In einer großen Schüssel Hartweizengrieß und Mehl mit dem Salz mischen. Fische mehrmals darin wenden, damit sie gleichmäßig bedeckt sind. Mit einem Sieb herausnehmen, überschüssiges Mehl abschütteln und im heißen Öl goldbraun und knusprig frittieren.

Herausheben und auf Küchenpapier abtropfen lassen. Mit ein wenig Meersalz bestreuen und sofort mit Zitronenspalten und einem Schälchen Aioli servieren.

BABY-TINTENFISCH IN TOMATENSAUCE

Moscardini alla Diavola

Viele meiner Lieblingsgerichte sind »teuflisch scharf«. Zu den berühmtesten Rezepten meiner Nonna gehören scharfe Nieren und Krabben. Ich war deshalb äußerst glücklich, diesen sardischen Teufel mit *moscardini,* einem kleinen Tintenfisch, zu entdecken. Auf Sardinien werden sie meist tiefgekühlt angeboten und in einer mit Chili gewürzten Tomatensauce geschmort. Ich finde sie schmecken auf cremiger Polenta am besten.

Wenn Sie Baby-Tintenfische oder Moscardini nicht bekommen können, dann tut es auch ein normaler Tintenfisch. Dieser sollte dann allerdings etwas länger gegart werden. Sie müssen ihn zudem vorbereiten und in kleine Stücke schneiden (siehe Seite 198). Moscardini sind bereits küchenfertig, was ebenfalls für sie spricht.

Ich verteile gern etwas Gremolata auf dem Gericht. Sie bringt Frische und Würze ins Spiel. Sie ist im Grunde nichts anderes als fein gehackter Knoblauch, Petersilie und Zitronenschale und kann als Garnitur für jedes Schmorgericht verwendet werden.

FÜR 6 PERSONEN

3 Knoblauchzehen, geschält und klein geschnitten
4 EL Olivenöl
2 Lorbeerblätter
2 getrocknete rote Chilischoten, klein gehackt
1 kg Moscardini oder Tintenfisch
250 ml Vernaccia oder ein anderer trockener Weißwein
800 g Tomaten aus der Dose, püriert (mit dem Pürierstab oder in der Flotten Lotte)
Salz und Pfeffer aus der Mühle

Für die Gremolata

1 Bund frische glatte Petersilie, gehackt
abgeriebene Schale von 1 Bio-Zitrone
1 Knoblauchzehe, geschält und klein geschnitten

In einer großen Pfanne bei mittlerer Hitze den Knoblauch in Olivenöl duftend anbraten. Lorbeerblätter und Chilis hinzufügen und 1–2 Minuten unter Rühren schmoren. Den Tintenfisch hineingeben.

Einige Minuten garen und dann den Wein und die Tomaten hinzufügen.

Bei geringer Hitze, mit schräg aufgelegtem Deckel, 1 Stunde köcheln lassen, dabei gelegentlich umrühren, bis der Tintenfisch vollständig weich ist.

Für die Gremolata in der Zwischenzeit die Zutaten mischen, auf ein Schneidebrett geben und sehr fein hacken.

Sobald der Tintenfisch fertig gegart ist, salzen und pfeffern und mit der feinen Gremolata bestreuen.

GEGRILLTER TINTENFISCH MIT ZITRONEN-KARTOFFELPÜREE

Polpo Grigliato con Puré di Patate al Limone

Wird er gleich zweimal gegart, schmeckt der Tintenfisch besonders gut. Dabei wird er zuerst gekocht und dann gegrillt, wonach das weiche Fleisch das Grillaroma wunderbar aufnimmt. In einer Liaison mit dem scharfen und cremigen Kartoffelpüree entsteht daraus eine köstliche und ungewöhnliche Kombination. Eine von Lucas Spezialitäten.

Wenn Sie Tintenfisch kaufen, dann wählen Sie am besten tiefgefrorenen und lassen ihn rechtzeitig vor der Zubereitung auftauen. Der tiefgefrorene Tintenfisch ist küchenfertig und bereits weich geklopft, während frischer noch kräftig bearbeitet werden muss. Letzterer hat dadurch jedoch therapeutische Qualität.

Sowohl Püree als auch Tintenfisch können im Voraus zubereitet und im letzten Moment aufgewärmt werden.

FÜR 6 PERSONEN

Für den Tintenfisch

1 mittelgroßer Tintenfisch
2 Stangen Staudensellerie, halbiert
1 Zwiebel, geschält
2 Streifen Bio-Zitronenschale
2 getrocknete rote Chilis
1 Handvoll Petersilienstängel

Für das Zitronen-Kartoffelpüree

600 g festkochende Kartoffeln
Meersalz
130 ml Olivenöl extra vergine in bester Qualität
abgeriebene Schale und Saft von 1 großen Bio-Zitrone

Für die Garnitur

getrocknete rote Chilischoten, gehackt
1 Handvoll glatte Petersilie, klein gehackt

Falls Sie den Tintenfisch frisch kaufen, den Fischhändler bitten, diesen küchenfertig vorzubereiten. Das kann 1–2 Tage im Voraus geschehen. Unter kaltem Wasser gründlich abspülen und kontrollieren, ob der Sand aus den Tentakeln gespült ist. Die Augen vom Kopf trennen und auch das Innere des Körpers säubern. Den Schnabel herausschneiden – wo die Mundteile sind, befindet sich ein kleiner ringförmiger Ball. Nun den Tintenfisch mit den anderen Zutaten in einen großen Topf legen und mit kaltem Wasser auffüllen, sodass alles vollständig bedeckt ist.

Zum Kochen bringen, dann die Hitze reduzieren. Mit schräg aufgelegtem Deckel mindestens 1 Stunde simmern lassen, bis der Tintenfisch weich ist. Für die Garprobe mit einem scharfen Messer in einen Tentakel schneiden. Gleitet es leicht hinein, dann ist der Tintenfisch fertig gegart. Herausnehmen und abkühlen lassen.

Für das Kartoffelpüree die Kartoffeln schälen, halbieren und in ausreichend Salzwasser weich garen.

Abgießen und mit dem Kartoffelstampfer (oder einer Presse) zu einem glatten Püree zerstampfen. Es sollte nun eine klebrige Konsistenz haben. Olivenöl, Zitronenschale und -saft und 4 EL Wasser unterrühren. Mit Salz würzen, falls nötig. Durch das Öl und die Zitrone sollte das Püree leicht scharf schmecken.

Eine Grillpfanne erhitzen oder den Grill des Backofens vorheizen. Die Tentakeln des Tintenfischs vom Körper abschneiden und in die heiße Grillpfanne oder unter den Grill legen. Einige Momente auf jeder Seite braten und mit Olivenöl, Salz und einigen Chiliflocken würzen. Auf einem Teller mit dem warmen Püree anrichten, zusätzlich mit etwas Öl beträufeln und mit Chili und Petersilie bestreuen.

IOS 25

GESCHMORTE SEPIA MIT ERBSEN

Seppie con Piselli

Eine einfache und überraschend gelungene Kombination und ein guter Grund, tiefgekühlte Erbsen zu verwenden. Diese werden hier bei geringer Hitze langsam mit dem Tintenfisch gegart, sodass beide zart und süß werden.

In Is Arutas, einem der berühmtesten Strände an der Westküste unweit unseres Wohnortes Oristano, gibt es einen Imbiss, in dem ich zum ersten Mal eine Variante dieses Gerichts aß. Der Sand dort ist aus glitzerndem Quarzkristall. Das Meer hat dieses unglaubliche Türkisblau, das sich von der glänzenden Bräune der sardischen Sonnenanbeter und dem gleißenden weißen Sand effektvoll abhebt; es ist ein wunderbarer Anblick. Die Imbissbar serviert eine Auswahl an Fisch-Antipasti zum kleinen Preis und Gäste sitzen in ihrer Strandkleidung vor Plastiktellern an Tischen mit karierten Tischtüchern. Genauso sollte sich ein Sommer in Sardinien anfühlen.

In dieser Trattoria werden alle Gerichte bei Zimmertemperatur serviert – draußen herrscht meist glühende Hitze – mit einem Glas gekühltem Rotwein. Im Sommer können Sie es als einfache Vorspeise oder als leichtes Mittagessen zubereiten. Im Winter bringen Sie es heiß auf den Tisch und reichen dazu Polenta und geröstetes Brot – und vielleicht noch etwas Aioli (Seite 69) als kleines Extra.

Wenn Sie keine Sepia bekommen können, dann nehmen Sie ersatzweise einfach Kalmar. Ich verwende passierte Tomaten (als Basis für die Sauce) und ganze Tomaten für etwas mehr Textur, aber das Gericht gelingt ebenso gut mit einer 400 g Dose gehackter Tomaten.

FÜR 6 PERSONEN

1 kg Sepia, entweder klein oder groß
1 kleine weiße Zwiebel, geschält und fein geschnitten
2 große Knoblauchzehen, geschält und sehr fein gehackt
4 EL Olivenöl extra vergine
3 Lorbeerblätter
1 Fenchelknolle, sehr fein gewürfelt, Grün zum Garnieren aufbewahrt
2 getrocknete rote Chilischoten
1 große Handvoll frisch gehackte Petersilie
200 g passierte Tomaten
200 ml Vernaccia oder ein anderer trockener Weißwein
150 g gehackte reife Tomaten (ich bevorzuge die kleinen süßen Datteltomaten, längs halbiert)
500 g kleine Erbsen, tiefgekühlt
Meersalz
abgeriebene Schale und Saft von ½ Bio-Zitrone

Zuerst die Sepia zubereiten oder den Fischhändler bitten, Ihnen diese küchenfertig vorzubereiten.

Den Kopf vom Körper ziehen. Das obere Ende der Körpertube greifen und das spitze Schwanzende auf das Arbeitsbrett legen und fest darauf drücken. Der einzige Knochen sollte dann durch die Haut heraustreten. Diesen herauslösen und wegwerfen.

Nun die Innereien entfernen. Dabei darauf achten, den Tintenbeutel (schwarzer Tintensack) nicht zu beschädigen. Wenn er reißt, ist das zwar nicht weiter schlimm, aber das Ganze wird dann eine eher schmutzige Angelegenheit. Die blassbraune, cremefarbene Leber entfernen und aufbewahren. Diese kann tiefgekühlt und später verwendet werden, etwa in Schmorgerichten oder Fischsuppen. Die Körpertube abspülen und die Flossen und den Großteil der Haut entfernen. Diese wegwerfen, während die dünnen Flossen im Eintopf mitgegart werden. Die Augen und den hornigen Schnabel entfernen, sodass zum Schluss nur die Fleischmasse der Fangarme, zwei kleine Flossen und die gesäuberte Körpertube übrig bleiben. Diese Teile in mundgerechte Stücke schneiden.

In einer großen Pfanne die Zwiebel- und Knoblauchwürfel bei geringer Hitze in Olivenöl andünsten. Lorbeerblätter, Fenchelwürfel und Chilis hinzufügen und alles bei geringer Hitze dünsten, bis die Zwiebel glasig ist und gerade anfängt zu bräunen (das dauert mindestens 20 Minuten). Die Sepiateile und die Hälfte der Petersilie zugeben und einige Minuten schmoren lassen. Nun passierte Tomaten, Wein und Tomatenstückchen untermischen und simmern lassen, bis die Sepia weich ist – das dauert rund 1 Stunde. Wenn die Sepia gerade weich genug ist, die Erbsen hinzufügen und 10–15 Minuten süß und weich garen. Eventuell noch mit Salz würzen. Zitronenabrieb und -saft untermischen. Mit der übrigen gehackten Petersilie und dem Fenchelgrün bestreuen.

GEBACKENE BRASSE MIT KARTOFFELN

Orata al Forno con Patate

Ein Klassiker in ganz Italien. Ich bereite ihn gern als Alternative zum Sonntagsbraten zu. Auf dem Tisch wird er zum echten Hingucker und lädt dazu ein, gemeinsam zu schmausen, sich die Finger abzulecken und Brot einzutunken. Genau so liebe ich das Essen am Wochenende.

Das Gericht ist zudem erstaunlich köstlich für etwas so Einfaches und schmeckt wie die feine Ausgabe von Fish and Chips.

Ich variiere die Zutaten – je nachdem, was ich gerade im Haus habe. Manchmal kommt ein Rosmarinzweig dazu, manchmal einige Fenchelstreifen oder Pilze. Wenn ich mal keine Tomaten habe (oder gerade keine Erntezeit ist), dann lasse ich sie einfach weg. Es schmeckt auf jeden Fall immer wunderbar. Es ist wichtig, dass Sie großzügig Olivenöl verwenden.

FÜR 4 PERSONEN

500 g festkochende Kartoffeln
Meersalz
Olivenöl in bester Qualität
1 Handvoll Kirschtomaten (nach Belieben)
1 Handvoll grüne Oliven (nach Belieben)
1 Handvoll grob gehackte Petersilie
1 kleines Glas Vernaccia oder ein anderer trockener Weißwein
2 Knoblauchzehen, geschält und halbiert
1 große Brasse, küchenfertig

Den Backofen auf 200 °C vorheizen.

Die Kartoffeln waschen, aber nicht unbedingt schälen. In sehr dünne Scheiben schneiden – so dünn wie möglich. Sie können auch einen Küchenhobel verwenden.

Die Kartoffelscheiben in eine Fettpfanne oder in eine Auflaufform legen und mit reichlich Salz bestreuen. Großzügig mit Olivenöl beträufeln und mit den Händen gründlich mischen, damit sie gut überzogen sind.

Die Tomaten halbieren und auf den Kartoffeln verteilen.

Mit den Oliven und der Petersilie bestreuen, den Wein und die Knoblauchzehen darüber geben. Alles gleichmäßig und flach in der Form arrangieren, sodass es zu einem schönen Bett für den Fisch wird.

Diesen mit reichlich Salz würzen und mit etwas Olivenöl beträufeln.

Auf das Kartoffelbett legen und in den vorgeheizten Backofen schieben.

Etwa 30 Minuten backen, dann sollte der Fisch gar sein. Wenn die Kartoffeln noch immer etwas *al dente* sein sollten, der Fisch aber bereits fertig ist, dann diesen herausnehmen, beiseitestellen, mit Aluminiumfolie abdecken und die Kartoffeln noch für einige Minuten zurück in den Backofen geben.

Zum Servieren in der Form auf den Tisch stellen, damit sich jeder nach Lust und Laune selbst bedienen kann.

GEFÜLLTE KALMARE

Calamari Ripieni

Ich liebe Kalmar, aber ich bin immer etwas ratlos, wenn ich neue Rezepte damit ausprobieren soll, und bleibe dann lieber beim einfachen Grillen oder Braten. Dies ist ein brillantes Rezept – ein weiteres aus Francas Fundus –, gehaltvoll genug für ein Hauptgericht und höchst wandlungsfähig.

FÜR 4 PERSONEN

8 mittelgroße Kalmare
2 Knoblauchzehen, geschält und halbiert
5 EL Olivenöl
300 ml Weißwein
1 große Handvoll gehackte Petersilie
1 große Prise fein gehackte getrocknete rote Chilischote
1 Handvoll gehackte frische Basilikumblätter
160 g Semmelbrösel
6 Sardellen, fein gewürfelt
40 g Parmesan, gerieben
abgeriebene Schale und Saft von 1 Bio-Zitrone
Meersalz
Tomatensalat oder grüner Blattsalat als Beilage

Die Kalmare säubern. Dazu den Kopf vorsichtig vom Körper ziehen und den durchsichtigen Knochen herausnehmen. Die Augen und den Schnabel von den Fangarmen schneiden und wegwerfen. Die Seitenflossen von der Körpertube ziehen und diese von innen unter fließendem Wasser waschen.

Die Flossen und die Fangarme in winzige Stücke schneiden und die Tuben aufbewahren.

In einer großen Pfanne bei mittlerer Hitze den Knoblauch in der Hälfte des Olivenöls duftend anbraten. Herausnehmen und wegwerfen. Die klein geschnittenen Kalmarestücke in der Pfanne anbraten, bis sie nach 2–3 Minuten gerade goldbraun werden. Dann 100 ml Wein hinzugießen, 1–2 Minuten einkochen lassen und die Pfanne vom Herd nehmen.

Für die Füllung die Kalmarestücke und den Bratensatz in einer Rührschüssel mit Petersilie, Chili, Basilikum, Semmelbrösel, Sardellen und Parmesan mischen. Zitronenabrieb und -saft unterrühren. Eventuell mit Salz würzen.

Die Masse in die gesäuberten Tuben hineingeben. Die Öffnung mit zwei Zahnstochern verschließen und die Kalmare bis zum Braten beiseitestellen.

Das restliche Olivenöl in einer breiten Pfanne mit Deckel (ausreichend groß für alle Kalmare) auf mittlere Temperatur erhitzen. Die gefüllten Tuben hineinlegen und rundum gleichmäßig braun anbraten. Den restlichen Wein hinzugießen, den Deckel auflegen, die Hitze reduzieren und die Kalmare noch 10 Minuten garen, bis sie weich sind.

Mit dem Bratensatz beträufeln und mit einem Tomatensalat oder grünem Salat servieren.

HINWEIS

Wenn ich dieses Gericht im Sommer zubereite, dann gebe ich, wenn die gefüllten Kalmare garen und kurz bevor der Wein zugegossen wird, 1–2 überreife Tomaten in die Pfanne. Ich serviere die Kalmare mit etwas zerkleinertem Basilikum und Bruschetta, die ich zuvor mit Knoblauch eingerieben und mit Olivenöl beträufelt habe.

LANGUSTEN AUF KATALANISCHE ART

Aragosta alla Catalana

Aragosta sind sardische Langusten. Sie werden meist vor der Westküste der Insel gefischt. Dieses Gericht ist eine Spezialität aus Alghero, einer Stadt etwa eine Stunde von Oristano entfernt und ein Erbe der katalanischen Invasoren.
Wenn Sie keine Langusten finden können, dann nehmen Sie ersatzweise Hummer oder Krebs. In Oristano kommt dieses Gericht einmal im Jahr auf den Tisch und das ist zweifelsohne der beste Tag des Jahres; es ist dem Hochsommer, den Lieblingsgästen oder der Familie vorbehalten.
Wir laufen dann immer hinunter zum Strand und sammeln Meerwasser in großen Plastikgefäßen, um die Langusten darin zu garen, und Luca stimmt seinen alljährlichen Vortrag »Sardisches Meerwasser ist das reinste, salzigste Meerwasser auf der ganzen Welt« an, während wir das Wasser nach Hause tragen.

FÜR 4 PERSONEN

- einige Liter sardisches Meerwasser (oder realistischer: Wasser mit viel Meersalz)
- 2 sehr frische Langusten
- Saft von ½ Zitrone
- Meersalz
- 100 ml Olivenöl in bester Qualität
- 1 kleine rote Zwiebel, geschält und in Streifen geschnitten
- 2½ EL Rotweinessig
- 1 Handvoll frische Basilikumblätter, zerkleinert, plus ganze Blätter zum Garnieren
- 1 Handvoll frische Petersilie, zerkleinert
- 500 g reife Tomaten in bester Qualität, in Stücke geschnitten

In einem großen hohen Topf das Wasser zum Kochen bringen.

Die erste Languste hineingeben und den Deckel auf den Topf legen. Etwa 8 Minuten kochen lassen. Mit einem Schaumlöffel herausnehmen und zum Auskühlen beiseitestellen. Den Vorgang mit dem nächsten Schalentier wiederholen.

Die ausgekühlten Langusten längs halbieren. Die Leber entfernen (die blassgrüne oder beige Masse im Kopfraum). Diese mit Zitrone, 1 Prise Salz und der Hälfte des Olivenöls zu einem einfachen Dressing anrühren.

In einer kleinen Schüssel die Zwiebelstreifen 10 Minuten in der Hälfte des Rotweinessigs einlegen, um ihnen die Schärfe zu nehmen. Abtropfen lassen und mit den Kräutern und den Tomaten in einer Schüssel mischen. Auf einer Servierschale verteilen und beiseitestellen.

Sobald die Langusten vollständig kalt sind, jede Hälfte in Stücke teilen (entweder Sie lassen die Schale intakt, was natürlich eindrucksvoller aussieht, oder Sie lösen das Fleisch heraus).

Diese Teile in restlichem Rotweinessig, 1 Prise Salz, dem restlichen Olivenöl und einem Teil des angerührten Dressings marinieren. Alles gut umrühren, damit das Fleisch auch vollständig überzogen ist.

Über die Tomaten und die Kräuter geben. Mit dem restlichen Dressing beträufeln. Mit ganzen Basilikumblättern bestreuen und etwas mehr Olivenöl darübergeben. Dazu eine Flasche gekühlten Prosecco servieren.

SIEBEN

DOLCI E BEVANDE

Safran-Panettone-Auflauf mit Vanillecreme • Tiramisu mit Marsala und Brandy • *Bittersüß* • Frittierte Ravioli mit Käse und Honig • Mandel-Pannacotta mit aromatisierten Kirschen und Wildfenchel • Olivenöl-Eiscreme mit Sevilla-Orangen • Campari-Blutorangen-Granita • Wassermelonen-Minze-Granita • Aprikosen-Amaretti-Crumble mit Vanille-Mascarpone-Creme • Schokoladen-Orangen-Mousse mit pochierten Kumquats • Theresas Mandarinen- und Zitronenlikör • *So rot wie der Teufel selbst*

DOLCI E BEVANDE

Mahlzeiten enden auf Sardinien immer mit frischem Obst, egal welche Jahreszeit gerade ist, und gelegentlich schließen sich *dolci* (Süßes) an.

Dolci sind nicht als Dessert gedacht, sondern meinen etwas völlig anderes: leichte, süße Happen, die oftmals nach dem Obst zum Kaffee genossen werden. Eher wie *petit fours*.

Auf Sardinien sind es üblicherweise süße kleine Kuchen, Tartes oder Gebäckstücke, meist mit Zutaten zubereitet, die man immer im Haus hat wie Mandeln, Zucker und Zitrone. Gelegentlich werden sie mit Vanille oder Safran aromatisiert, doch auch wenn es endlose Variationen gibt, so dreht sich doch alles um diese Aromen und Texturen.

Die wenigsten Sarden bereiten Dolci noch zu Hause zu – sie kaufen sie meist in der örtlichen Bäckerei. Jeden Samstag und Sonntag können Sie in Oristano Sarden auf dem Weg zu einer Esseneinladung sehen, in der Hand ein in Papier eingeschlagenes Papptablett; darauf eine Auswahl an Dolci, die sie als Gastgeschenk mitbringen.

Abgesehen von Tiramisu (Seite 216) und Pannacotta (Seite 222), denen man immer und überall begegnet, stammen die süßen Rezepte allesamt von mir und sind eigentlich nicht typisch sardisch – sondern mehr meine Interpretation eines englischen Desserts mit Zutaten, die in Sardinien weit verbreitet sind. Ich habe sie (anfänglich) skeptischen Sarden serviert, die sie liebten. Ich glaube, Probieren geht über Studieren.

SAFRAN-PANETTONE-AUFLAUF MIT VANILLECREME

Budino di Panettone

Das Beste am italienischen Weihnachten ist der Panettone. Dieses süße, brioche-ähnliche Hefebrot mit kandierten und getrockneten Früchten ist eines meiner liebsten Dinge. Ich liebe es, große, weiche Stücke davon zu essen, ohne irgendetwas dazu, und verwende ihn auch gerne zum Backen. In diesem Rezept habe ich ein englisches Dessert in ein buttergelbes, wackliges *dolce italiano* verwandelt. Und diese ist nur eine der vielen Möglichkeiten, wie Panettone uns glücklich machen kann.

Panettone findet man auch außerhalb Italiens. Selbst Discounter verkaufen ihn. Er kommt meist aus Italien und ist recht günstig. Vor allem rund um Weihnachten ist er in den Supermarktregalen zu finden.

Die Zubereitung über dem Wasserbad hört sich aufwendig an, liefert aber das beste Ergebnis mit Blick auf die Konsistenz des Auflaufs. Ich mag meinen Brotpudding gern wie eine Crème brûlée mit kleinen Stückchen Brot darin und nicht als feste Masse. Für mich ist die Vanillecreme genauso wichtig wie das Brot.

FÜR 6 PERSONEN

250 g Panettone (entspricht etwa einem großen halben Kuchen)
80 g weiche Butter
6 Eigelb (Bio-Eier)
60 g feiner Zucker
500 ml Milch
250 g Crème double, plus etwas mehr zum Garnieren
1 Stück Bio-Orangenschale
1 Prise Safran
4 EL Demerara-Zucker (brauner Rohrzucker)
Vanilleeis oder ein anderes Milcheis, zum Anrichten

Den Backofen auf 160 °C vorheizen.

Den Panettone in 1½ cm breite Scheiben schneiden. Ich bin hier ausnahmsweise sehr pingelig, denn sind die Scheiben zu dick, dann saugen sie die ganze Vanillecreme auf und der fertige Auflauf wird zu trocken.

Die Panettone-Scheiben mit Butter bestreichen und in zwei Schichten in eine mittelgroße Auflaufform legen (dieselbe, die Sie für eine Lasagne verwenden).

Die Eigelbe mit dem Zucker in einer hohen Rührschüssel schaumig schlagen.

In einem mittelgroßen Topf die Milch und die Crème double mit der Orangenschale und dem Safran aufkochen. Beiseitestellen und 1–2 Minuten ziehen lassen. Die noch warme Creme unter Rühren abseihen.

Langsam über den Panettone gießen, kurz warten, bis sie eingezogen ist, und dann mögliche Zwischenräume auffüllen. Die festen Stücke sollten gut von der Creme bedeckt sein.

Mit dem Zucker bestreuen und die Auflaufform in ein tiefes Backblech setzen. Für das Wasserbad dieses zur Hälfte mit kochendem Wasser auffüllen. In den vorgeheizten Backofen schieben und 35–45 Minuten backen, bis der Auflauf gerade fest geworden und die Mitte noch etwas wacklig ist. Mit der Crème double oder Vanilleeis servieren. Den Nachtisch, wie jedes gute Eigericht, 10 Minuten stehen lassen, damit er sich »setzen« kann.

TIRAMISU MIT MARSALA UND BRANDY

Tiramisu

Es mag ein Klischee sein, aber die Sarden sind nicht weniger verrückt nach diesem italienischen Klassiker der 1950er-Jahre als ich, und ich wüsste auch nicht, warum es anders sein sollte. Wenn das Tiramisu gut gemacht ist, ist es eines der köstlichsten Speisen. Lassen Sie sich nicht von mittelprächtigen Tiramisus abschrecken – dieses Rezept ist kinderleicht und ich habe es vielen Sarden serviert, die mir alle erklärten, dies sei das beste Tiramisu, das sie je gegessen hätten.

Übersetzt heißt es »zieh mich hoch« und ist ein wahrlich köstliches Dessert: Es ist wunderbar zum Frühstück nach einer anstrengenden Nacht; Alkohol und Kaffee sind die perfekten Muntermacher. Es gibt eigentlich jeden Tag einen Moment, an dem so ein kleines »Zieh mich hoch« willkommen ist.

Für mich ist die Menge des Alkohols ganz wesentlich. Er ist das gewisse Etwas, das meine Kindheitserinnerungen an diese Vanillecreme-Kuchen-Kombi zu etwas Erwachsenem und Raffiniertem werden lässt.

Ich bereite mein Tiramisu gern in einer großen Schüssel zu und nicht in kleinen Schälchen, damit sich jeder am Tisch einen guten Löffel voll nehmen kann.

Ein traditionelles Tiramisu besteht aus nur zwei Schichten Gebäck, aber Sie können gern mehr machen. Oder Sie verwenden, so wie ich hier auf dem Foto, eine hohe, schmale Schüssel, in der mehrere Schichten Platz finden.

FÜR 4 HUNGRIGE PERSONEN ODER 6 ASKETEN

3 Bio-Eier, getrennt
100 g extrafeiner Zucker
500 g Mascarpone
200 ml starker schwarzer Espresso
80 ml Marsala-Wein
1½ EL Weinbrand
20–24 Löffelbiskuits

5 EL dunkles Kakaopulver, zum Bestäuben

Die Eigelbe mit dem Zucker in einer Rührschüssel zu einer dicken, blassen Mousse schlagen.

Den Mascarpone von Hand gründlich untermischen.

In einer kleinen Schüssel den Kaffee mit dem Marsala und dem Weinbrand verrühren. Die Eiweiße zu glatten cremigen Spitzen schlagen, aber nicht zu fest, sonst wird der Eischnee zu trocken. Vorsichtig unter die Mascarponemischung heben, damit die Masse schön luftig bleibt.

Die Löffelbiskuits ganz kurz in die Kaffeemischung tauchen und den Boden der gewählten Schüssel damit auslegen. Sie sollten weder triefend nass noch knusprig sein, sondern irgendwo dazwischen. Ich tauche sie ein, lasse sie eine Sekunde liegen, wende sie und lasse sie nochmals eine Sekunde liegen. Dann hebe ich sie direkt wieder heraus.

Es lohnt sich, gewissenhaft zu arbeiten, denn niemand möchte ein Tiramisu essen, das zu flüssig ist.

Die Hälfte der Mascarponemischung gleichmäßig auf den Löffelbiskuits verstreichen. Eine weitere Schicht der getränkten Biskuits einlegen und mit einer zweiten Mascarponeschicht enden. Mit dem dunklen Kakaopulver bestäuben und das Tiramisu für mindestens 1–2 Stunden in den Kühlschrank stellen. Nach Belieben kurz vor dem Servieren mit etwas mehr Kakaopulver bestäuben, aber ich mag es, wenn der Kakao auf der Creme leicht schmilzt.

BITTERSÜSS

Beim Kochen geht es, genau wie im Leben, immer um die richtige Balance und Süßes lässt sich nur als solches definieren, wenn es etwas Bitterem gegenübersteht.

Bitterkeit ist ein wichtiges Element in sardischen Speisen und eines, das mich in dieser Küche am stärksten anspricht. Fast alle meine Lieblingsspeisen und -getränke sind eine Balance zwischen Bitter und Süß. Bittersüßer Campari zum Aperitif, bitterer schwarzer Kaffee mit einem gezuckerten Gebäckstück zum Frühstück, Artischocken und Marmelade – um nur einige Beispiele zu nennen.

Das beste Beispiel für die Kombination von Bitter und Süß ist eines der auf der Insel meist gefeierten und außergewöhnlichsten Produkte, dem *miele di corbezzolo*.

Der *Arbutus unedo* (Corbezzolo oder Erdbeerbaum) wächst wild auf Sardinien. Er gehört zu den Immergrünen mit wächsernen dunkelgrünen Blättern und glockenartigen weißen Blüten, die sich im Oktober und November zeigen. Diese Blüten werden zu leuchtend roten, kugelförmigen Beeren, die entfernt an Erdbeeren erinnern (daher auch der Name). Das Aroma ist schwach und die Textur etwas musig, aber die Frucht ist hübsch anzusehen. Auf der Insel werden die Früchte meist zu Likör oder zu Marmeladen verarbeitet, statt pur gegessen zu werden.

Der Name *unedo* stammt von Plinius dem Älteren, der angeblich über die Frucht sagte: *»Unum tantum ego«* (»Ich esse nur eine«). Ob er nun meinte, sie wäre so gut, dass er sich nur eine erlauben könnte, oder dass sie so uninteressant wäre, dass er nie eine zweite haben wollte, bleibt unklar, aber da ich sie selbst probiert habe, vermute ich, dass Letzteres gemeint war. Die wahre Schönheit dieser Pflanze liegt, abgesehen von ihrem Aussehen und der Tatsache, dass sie Joni Mitchells Lieblingsbaum war, in ihren Blüten, aus der die Bienen ihren Honig machen.

Miele di corbezzolo ist selten und geschätzt. Da der Baum nur zwei Monate im Jahr blüht und sehr vom Wetter abhängig ist, ist der Honig teuer und schwer herzustellen. Er ist außerdem extrem arbeitsintensiv für die sardischen Bienen, die viele Male von der Blüte zum Bienenstock fliegen müssen, um ausreichend Nektar zu sammeln. Für einen normalen Honig muss eine Biene etwa 3.000 Flüge von ihrem Stock und zurück unternehmen, hier sind es 6.000 bis 8.000. Es ist schon etwas Besonderes zu wissen, dass dieser ungewöhnliche Honig das Ergebnis harter Arbeit und echter Hingabe ist.

Der Großteil dieses Honigs wird in Barbagia hergestellt, in den Bergen rund um Nuoro, das die Römer wegen der dort lebenden Barbaren so nannten. Bis vor nicht allzu langer Zeit war das Gebiet noch immer für sein Banditentum bekannt. Der Honig ist bei speziellen Lieferanten erhältlich und sein Aroma aus rauchigem Kaffee und wilden Kräutern macht ihn zu einem passenden Käsebegleiter. Er ist zudem der perfekte Honig zu Seadas (Seite 221).

FRITTIERTE RAVIOLI MIT KÄSE UND HONIG

Seadas

Auch als *Sebadas* bekannt, ist dies das wohl berühmteste sardische Dessert.

Dieses Gebäck ist eine Hommage an die Einfachheit und Qualität der sardischen Produkte, vor allem des Käses und des Honigs.

Traditionell wird frischer Pecorino verwendet, der nur einige Tage gereift ist und eine leichte Säure besitzt. Er wird mit Zitronenschale aromatisiert und in einen Schmalzteig gehüllt. Das Käsepäckchen wird frittiert, bis es Blasen wirft und aufgeht, um dann goldgelb und glänzend in Honig getränkt zu werden. Häufig wird der berühmte Honig *miele di corbezzolo* verwendet, der eine leicht bittersüße Note hat; ein Kastanienhonig passt aber ebenfalls gut.

Wenn Sie kein Schmalz mögen, dann verwenden Sie Olivenöl oder Butter. Und wenn Sie keinen frischen Pecorino finden, dann versuchen Sie es mit frischem Schafs-, Ziegen- oder Kuhmilchkäse. Wichtig ist nur, dass der Käse eher gummiartig als cremig ist; dadurch bekommt er eine fadenartige Struktur, wenn er geschmolzen ist.

FÜR 4 STÜCK

Für den Teig

- 1 Prise Meersalz
- 100 g Weizenmehl Type 405, plus 1 EL für die Füllung plus etwas mehr zum Bestäuben
- 100 g Hartweizengrieß
- 20 g Schmalz, Zimmertemperatur

Für die Füllung

- 260 g frischer Pecorino, in kleine Stücke geschnitten
- abgeriebene Schale von 1 Bio-Zitrone
- Meersalz (nach Belieben)
- Sonnenblumenöl zum Frittieren
- Honig zum Beträufeln

Für den Teig Salz und 100 ml Wasser mit dem Mehl und dem Hartweizengrieß zu einem glatten Teig verkneten. Dann das Schmalz hinzugeben. Der Teig muss einige Minuten kräftig bearbeitet werden.

In Frischhaltefolie wickeln und 30 Minuten ruhen lassen.

Für die Füllung den Käse über dem Wasserbad langsam schmelzen lassen. Wenn er anfängt, leicht zu zerlaufen, 1 EL Mehl hinzufügen, um die Flüssigkeit aufzusaugen, die herausgelaufen ist. Vorsichtig umrühren und den Zitronenabrieb hinzufügen – wird frischer Pecorino verwendet, nach Belieben mit 1 Prise Salz würzen.

Wenn sich die Käsemischung zu einer geschmolzenen Masse verbunden hat, diese auf einem sauberen Backblech gleichmäßig 1 cm dick verstreichen und fest werden lassen.

Inzwischen den Teig 1 mm dick ausrollen und mit Mehl oder Hartweizengrieß bestäuben, falls er zu klebrig sein sollte. Mit dem Keksausstecher orangengroße Kreise ausstechen.

Mit einem kleinen Cutter oder einem Trinkglas kleinere Kreise aus dem Käse ausstechen, der inzwischen fest geworden sein sollte.

Die Käsekreise in die Mitte der Teigkreise setzen. Mit einem Backpinsel mit etwas Schmalz die Ränder befeuchten. Einen zweiten Teigkreis auflegen und an den Rändern fest zusammendrücken, sodass ein kleines Päckchen entsteht (ich verwende an dieser Stelle einen Ravioli-Schneider, um einen hübschen gewellten Rand zu bekommen).

Auf ein mit Backpapier ausgelegtes Blech legen und im Kühlschrank oder im Tiefkühlfach bis zum Servieren aufbewahren.

Kurz vor dem Frittieren das Öl auf 190 °C erhitzen. Die Seadas vorsichtig hineingeben und goldgelb und knusprig werden lassen. Mit einem Schaumlöffel herausheben und kurz auf Küchenpapier abtropfen. Mit Honig beträufeln und servieren.

MANDEL-PANNACOTTA MIT AROMATISIERTEN KIRSCHEN UND WILDFENCHEL

Panna Cotta di Mandorle, Ciliegie e Finocchietto Selvatico

Mit Pannacotta lässt sich eine Mahlzeit auf wunderbar leichte und cremige Weise abschließen.

Auf Sardinien gibt es einige herrliche Roséweine und auch wenn ich sie kaum trinke, so koche ich gerne mit ihnen. Sie passen wunderbar zu Früchten. Der milde Geschmack der Mandeln ist in der weißen, wackligen Pannacotta einfach großartig und äußerst luxuriös. Der Wildfenchel unterstreicht das feine Anisaroma von Kirsche und Wein, doch wenn Sie keinen bekommen können, dann ist Kerbel eine gute Alternative.

FÜR 6 PERSONEN

200 g geschälte Mandelkerne
550 ml Sahne
3 Streifen Bio-Zitronenschale
80 g extrafeiner Zucker
2 Gelatineblätter

Für die Garnitur

300 g Kirschen
1 Glas Roséwein
100 g extrafeiner Zucker
abgeriebene Schale und Saft von ½ Bio-Zitrone
Stängel vom Wildfenchel oder Kerbel zum Garnieren

Den Backofen auf 170 °C vorheizen. Die Mandeln darin etwa 8–10 Minuten rösten, bis sie schön nussig duften. Auskühlen lassen und grob hacken.

In einem kleinen Topf die gehackten Mandeln, Sahne, Zitronenschalen und Zucker aufkochen und unter gelegentlichem Rühren leicht simmern lassen, bis die Mandeln ihr Aroma abgegeben haben. Nach einigen Minuten den Topf vom Herd nehmen und beiseitestellen.

In der Zwischenzeit die Gelatine in einer kleinen Schüssel in kaltem Wasser einweichen. Anschließend unter Rühren in der warmen Mandelmischung vollständig auflösen (ansonsten die gesamte Masse noch einmal leicht erwärmen). Durch ein feines Sieb in einen Krug abseihen. (Die Mandeln eventuell am nächsten Morgen ins Müsli oder Porridge geben.)

Die Mischung auf kleine Förmchen oder Schälchen verteilen. Im Kühlschrank 3–4 Stunden fest werden lassen. Wird die Pannacotta erst am nächsten Tag serviert, dann gut abdecken und 1 Stunde vor dem Servieren aus dem Kühlschrank nehmen.

Die Kirschen entkernen und halbieren. Mit Wein, 1 Spritzer Wasser, Zucker und Zitronenabrieb und -saft in einen Topf geben und den Deckel auflegen. Fast zum Kochen bringen und die Kirschen dann in 10–15 Minuten weich, aber nicht breiig pochieren. Die Sauce abschmecken und nach Geschmack weiter einkochen, eventuell noch etwas Zitronensaft unterrühren. Auskühlen lassen.

Kurz vor dem Servieren die Kirschen auf der Pannacotta anrichten und mit Fenchel- oder Kerbelgrün garnieren.

OLIVENÖL-EISCREME MIT SEVILLA-ORANGEN

Gelato all'Olio di Oliva con Arancia di Siviglia

Meine Liebe zu Olivenöl kennt keine Grenzen, doch dieses Rezept ist genial und kein Witz, denn das Öl verfeinert jede Eiscreme. Da es gut mit Schokolade, Nüssen und Früchten harmoniert, passt dieses Rezept perfekt zu allen Desserts mit diesen Zutaten. Ich habe das Eis hier mit dem wunderbar aromatischen Abrieb von Sevilla-Orangen kombiniert. Wenn Sie diese nicht bekommen können (sie haben nur im Januar Saison, lassen sich aber gut einfrieren), dann ist eine Mandarine ein guter Ersatz.
Für dieses Rezept benötigen Sie eine Eismaschine.

FÜR 6 PERSONEN

4 Eigelb (Bio-Eier)
200 g extrafeiner Zucker
500 g Crème double
250 ml Milch
1 Prise Meersalz
60 ml fruchtiges Olivenöl in bester Qualität, plus etwas mehr zum Anrichten
abgeriebene Schale von 1 Sevilla-Orange (Bio-Qualität)

Mit einem Mixer Eigelbe und Zucker schaumig rühren.

In einem Topf die Crème double und die Milch bei mittlerer Temperatur fast zum Kochen bringen und dann unter ständigem Schlagen in feinem Strahl über die Eigelbe gießen. Die Mischung in einen Topf füllen und bei geringer Hitze unter ständigem Rühren köcheln lassen, bis die Creme gerade beginnt, fest zu werden. Sie ist fertig, wenn sie am Löffelrücken einen feinen Film bildet. Die richtige Konsistenz lässt sich auch mit einem Thermometer überprüfen: Die Creme sollte etwa 72 °C haben.

Noch 1 Prise Salz hinzufügen.

Die Creme durch ein feines Sieb in eine breite Schüssel abseihen und mindestens 4 Stunden, am besten über Nacht, kühl stellen. Aus dem Kühlschrank nehmen und mit dem Olivenöl verschlagen (ich benutze dazu einen Pürierstab), bis sich alles vollständig verbunden hat. In die Eismaschine füllen und entsprechend verarbeiten. Ins Tiefkühlfach stellen.

Mit der frisch abgeriebenen Schale der Sevilla-Orange garnieren und zusätzlich mit etwas Olivenöl beträufeln.

CAMPARI-BLUTORANGEN-GRANITA

Granita al Campari e Arancia Sanguigna

Campari wird fast immer mit einer Orangenscheibe serviert, deren Aromastoffe den Geschmack betonen. Der schmeckt auch wunderbar, wenn er mit Orangensaft getrunken wird. Diese Kombination ist zweifelsohne eine meiner Lieblingsgranitas. Genau wie der Campari den Gaumen auf das Essen vorbereitet, so erfrischt er ihn hinterher. So ist dieses Sorbet ein perfekter Abschluss einer sommerlichen Mahlzeit.

Blutorangen haben einen völlig anderen Geschmack als normale Orangen. Daher ist es wichtig, dass Sie hier die Süße kontrollieren und eventuell etwas anpassen.

In diesem Rezept verwende ich vorgemischten Campari-Soda, den habe ich immer im Kühlschrank. Wenn Sie ihn nicht finden, dann nehmen Sie einfach 4 EL puren Campari oder mischen ihn mit etwas Mineralwasser.

FÜR 4 PERSONEN

150 g extrafeiner Zucker
abgeriebene Schale von 1 Bio-Blutorange
1 kleine Flasche Campari-Soda à 100 ml
400 ml Blutorangensaft, abgeseiht
Saft von 1 Zitrone

In einem kleinen Topf Zucker mit Orangenabrieb und Campari bei geringer Hitze unter Rühren auflösen. 2 Minuten köcheln lassen. Den Topf vom Herd nehmen.

Den Blutorangensaft zum Sirup gießen, alles gut umrühren, den Zitronensaft hinzufügen und abschmecken.

In ein flaches Gefäß gießen und tiefkühlen. Dabei nach 1–2 Stunden regelmäßig herausnehmen und mit einer Gabel umrühren (siehe Hinweis zu Granita auf Seite 229).

WASSERMELONEN-MINZE-GRANITA

Granita all'Anguria e Menta

Es gibt im heißen sardischen Sommer ausreichend Anlässe, um seinen Gästen geeiste, in Scheiben geschnittene Wassermelonen zu servieren. Diese werden von allen gern gegessen, sind aber auch ein wenig langweilig. Zu dieser Jahreszeit sind die Melonen am besten und das Kochen am mühsamsten. Es ist wirklich furchtbar, sich völlig verschwitzt in die Küche zu quälen, um den Herd anzustellen. Diese Granita ist genauso erfrischend (wenn nicht sogar noch erfrischender) und köstlich wie eine gekühlte Wassermelonenspalte und macht kaum mehr Mühe.

Ich mag es gern sauer und gebe deshalb viel Zitronensaft hinzu, aber je nach Süße Ihrer Melone – und Ihrem Gaumen – können Sie die Menge anpassen.

FÜR 6 PERSONEN

150 g extrafeiner Zucker
4 Stängel Minze, gewaschen und trocken getupft
1 mittelgroße Wassermelone, plus einige Scheiben zum Garnieren
Saft von 4 Zitronen

In einem kleinen Topf 200 ml Wasser und den Zucker aufkochen und in einigen Minuten zum Sirup reduzieren.

Den Topf vom Herd nehmen und auskühlen lassen. Dann 3 der 4 Minzestängel hineingeben und darin ziehen lassen. Anschließend durch ein Sieb abseihen.

Das Fleisch der Wassermelone mit den abgezupften Blättern des restlichen Minzestängels pürieren und die Mischung durch ein feines Sieb streichen. Den Wassermelonensaft mit dem Zitronensaft zum Zuckersirup geben, dabei immer wieder abschmecken.

In ein flaches Gefäß gießen und tiefkühlen. Dabei zwischendurch immer wieder mit einer Gabel verrühren, wenn Sie gerade daran denken. Die Granita mindestens 7 Stunden im Tiefkühlschrank lassen. In kleinen Gläsern mit einer frischen Melonenscheibe als Garnitur servieren.

APRIKOSEN-AMARETTI-CRUMBLE MIT VANILLE-MASCARPONE-CREME

Budino di Albicocca e Amaretti con Crema di Mascarpone

Dieses Dessert entstand aus purer Notwendigkeit, mit Zutaten, die ich hier auf Sardinien bekomme, um mein Verlangen nach einem echten englischen Crumble zu stillen.

Aprikosen passen gut zu Mandeln, sodass die beiden in diesem Ensemble wunderbar harmonieren.

Die Vanille-Mascarpone-Creme ist eigentlich eine Art Mousse. Wenn Sie möchten, können Sie sie in den Kühlschrank stellen und dann mit Gebäck und einem Glas süßem Wein als einfaches Dessert servieren.

FÜR 6 PERSONEN

- 850 g reife Aprikosen, halbiert und entkernt
- 80 g extrafeiner Zucker
- abgeriebene Schale und Saft von 1 großen Bio-Zitrone

Für die Streusel

- 120 g Weizenmehl
- 120 g Butter
- 50 g Demerara-Zucker (brauner Rohrzucker)
- 100 g Amaretti
- 70 g Mandelblätter
- 1 Prise Meersalz

Für die Vanille-Mascarpone-Creme

- 3 Bio-Eier, getrennt
- 1 Vanilleschote, das Mark herausgekratzt
- 90 g extrafeiner Zucker
- 500 g Mascarpone

Den Backofen auf 190 °C vorheizen.

In einem Topf die Aprikosen bei mittlerer Hitze mit Zucker, Zitronenabrieb, -saft und 1 Spritzer Wasser mischen und etwa 15 Minuten köcheln lassen, bis sie gerade zusammenfallen und musig werden. Die Aprikosensauce sollte eine schöne saftige Konsistenz haben, denn sie soll später im Backofen sprudelnd aufkochen und sich über die Streusel ziehen. Wenn die Früchte unreif und hart sind, dann dauert das Kochen länger und es muss eventuell etwas Zucker, Zitrone oder Wasser zugefügt werden. Zwischendurch immer wieder abschmecken. Die Aprikosenmasse anschließend in eine große Auflaufform füllen und beiseitestellen.

Für die Streusel Mehl, Butter, Zucker, Amaretti, zwei Drittel der Mandelblätter und Salz im Mixer zu einem karamellbraunen, krümeligen Streuselteig verarbeiten. Sie können die Streusel auch mit der Hand zubereiten. Dazu die Butter mit dem Mehl verkneten und die zuvor zerbröselten Amaretti unterarbeiten. Die Streusel sollten ungleichmäßig groß sein – mit kleineren und größeren Stücken.

Die Streuselmischung für 20 Minuten in den Kühlschrank stellen – so bekommen sie die perfekte krümelige Konsistenz.

Die Mischung auf die Früchte in der Auflaufform geben und zum Schluss mit den restlichen Mandelblättern bestreuen. Im vorgeheizten Ofen 30 Minuten backen, bis der Crumble goldgelb ist und Bläschen wirft.

In der Zwischenzeit für die Mascarpone-Creme die Eigelbe, das Vanillemark und den Zucker schaumig schlagen. Den Mascarpone unterheben und die Creme glatt verrühren. Die Eiweiße in einer zweiten Schüssel fest schlagen, unter die Creme heben und glatt rühren. Im Kühlschrank bis zum Servieren kühl stellen.

Den Crumble mit einigen Löffeln Mascarpone-Creme servieren.

SCHOKOLADEN-ORANGEN-MOUSSE MIT POCHIERTEN KUMQUATS

Mousse al Cioccolato con Mandarino Cinese Canditi

Dies ist eine derart schnelle und einfache Mousse, dass man es kaum glauben mag. Ganz ohne mühevolles Schlagen der Eiweiße oder Eigelbe. Dieser Nachtisch ist in wenigen Minuten zubereitet und schmeckt absolut köstlich.

Kumquats und Sevilla-Orangen wachsen gut auf Sardinien und lassen sich wunderbar von den vollbeladenen Ästen pflücken, die über die ein oder andere Gartenmauer ragen. Der Geschmack der Schale von Sevilla-Orangen hat das wohl reinste Orangenaroma, das man finden kann. Wenn Sie keine bekommen können, dann nehmen Sie einfach normale Orangen.

FÜR 6 PERSONEN

150 g extrafeiner Zucker
500 g Kumquats, klein geschnitten

Für die Mousse

300 g dunkle Schokolade
2 Bio-Eier
abgeriebene Schale von 1 Sevilla-Orange (Bio-Qualität)
500 g Mascarpone
4 EL Milch

In einem Topf den Zucker mit 150 ml Wasser bei mittlerer Hitze aufkochen, die klein geschnittenen Kumquats hinzufügen und in 15 Minuten zu einem Kompott einkochen. Zum Auskühlen beiseitestellen.

Während die Früchte auskühlen, für die Mousse die Schokolade über dem Wasserbad schmelzen lassen, bis sie ganz flüssig ist. Vom Herd nehmen und die Eier unterrühren. Die Creme sieht nun dick und glänzend aus.

Den Orangenabrieb und den Mascarpone unterrühren. So bekommt das Ganze eine schöne mousse-ähnliche Konsistenz.

Je nach Mascarpone wird die Mischung direkt nach dem Zusammenrühren sehr dicklich. Ich mag meine Mousse lieber etwas seidiger und cremiger. Deshalb quirle ich an dieser Stelle die Milch vorsichtig unter, damit alles etwas lockerer wird. Sie können selbst entscheiden, was Ihnen am liebsten ist.

In Gläser füllen, mit etwas Kumquat-Kompott garnieren und sofort servieren.

THERESAS MANDARINEN- UND ZITRONENLIKÖR

Mandarinetto e limoncello

Dieses Rezept stammt von Lucas Großtante Theresa, einer Frau, die genauso großartig wie einschüchternd ist. Sie bereitet aus sardischen Zitrusfrüchten ihre berühmt-berüchtigten Liköre zu. Sie kleidet sich höchst elegant in Pelzmäntel, Designersonnenbrille und wollene Baskenmützen und wurde vor dem Altar von der Liebe ihres Lebens stehen gelassen. Seitdem hat sie allen Männern – und allen Menschen im Allgemeinen – abgeschworen. Und Liköre lassen einen schließlich nie im Stich.

Diese kleinen leuchtenden Flaschen sind wunderbare Mitbringsel. Ich bereite meine Portionen im Januar zu, wenn die Zitrusfrüchte am allerbesten und das Wetter am allerschlechtesten ist, denn die Herstellung der Liköre ist eine gute Beschäftigung für Innen. So kann ich sie das Jahr hindurch – und zum nächsten Weihnachtsfest – verschenken.

In italienischen Supermärkten wird reiner Alkohol (96 Vol.-%) verkauft und die Sarden haben immer eine Flasche im Schrank stehen, wenn unerwartet Likör zubereitet werden soll. Da er außerhalb Italiens nur schwer zu bekommen ist, habe ich das Rezept so abgewandelt, dass ein normaler Wodka (40 Vol.-%) verwendet werden kann.

Sie brauchen für diese Liköre gute ungewachste Bio-Früchte, denn die Schalen werden durchtränkt. Bei mit Chemikalien besprühten Früchten würde sich das auf das Endergebnis auswirken.

FÜR 1 LITER ODER 4 KLEINE FLASCHEN

3 große Bio-Zitronen oder 8 Bio-Mandarinen, gründlich gewaschen
500 ml Alkohol
350 g extrafeiner Zucker

Die Früchte in kaltem Wasser gründlich waschen. Die Zitronen mit dem Sparschäler schälen, dabei nur leicht drücken, sodass nur die obere Schale entfernt wird und nicht die weiße Haut darunter. Sonst würde der Likör bitter – hier sehr sorgfältig arbeiten. Bei der Zitronenschale geht es leichter als bei der Mandarinenschale. Wenn Sie große, feste Mandarinen nehmen, dann sollte es etwas einfacher sein. Nachdem die Streifen abgeschält sind, eventuell die weiße Haut mit einem kleinen scharfen Messer entfernen. Dazu vom Körper weg schneiden.

Die Schalen in ein großes, zuvor abgekochtes Marmeladenglas mit Deckel legen und mit 250 ml Alkohol übergießen. Anschließend 30 Tage ziehen lassen.

Dann die gut durchgezogene Mischung zum Kochen bringen, kurz simmern lassen und den restlichen Alkohol und 300 ml Wasser und den Zucker hinzufügen. Alles gut umrühren und auflösen und noch einen kurzen Moment simmern. Anschließend beiseitestellen und vollständig auskühlen lassen.

Den Likör durch ein Sieb abseihen, die Schalen wegwerfen. In Flaschen füllen und im Kühlschrank aufbewahren.

SO ROT
WIE DER TEUFEL SELBST

Campari ist mein ganz persönliches Gift: bitter, scharf und geheimnisumwoben. 1880 von Gaspare Campari entwickelt, bleibt das Rezept bis heute geheim – nur die beiden Zutaten Alkohol und Wasser sind bekannt. Der Rest dieses feuerroten Aperitifs besteht aus einer geheimen Kombination von aromatischen Kräutern und Früchten.

Gaspare kochte dieses Gebräu im Hinterzimmer seiner Café-Bar in Novara und nach seinem Tod führte seine Frau Letizia (meine Namensvetterin) das Geschäft weiter. Vielleicht ist es also doch kein Zufall, dass ich eine so innige Liebe für Campari hege.

Sie begann, als ich 18 Jahre alt war und zum ersten Mal Venedig besuchte. Auf jeder Piazza saßen glamouröse Damen mit übergroßen Sonnenbrillen, die an einem leuchtend roten Drink nippten – ein Getränk, das wie eine Laterne in der Nacht leuchtete.

Sie rauchten Zigaretten, das Glas in der einen manikürten Hand, gesalzene Chips in der anderen. Ich wollte unbedingt wissen, was genau sie da tranken. Ich bestellte einen Drink und, na klar, die Chips kündigten ihn an. Ich probierte meinen ersten Campari-Soda. Er war eiskalt und bitter – so bitter, fast wie eine Arznei, und ich fand ihn schrecklich. Aber ich trank noch einen Schluck und aß einige Chips, und das Salz milderte den Geschmack: Ganz allmählich wurde er genießbar. Als ich ihn getrunken hatte, hatte ich mich *fast* an den Geschmack gewöhnt. Entschlossen wie ich war, bestellte ich einen zweiten.

Genau wie bei Oliven, Kaffee und Zigaretten, so muss man sich an Campari langsam gewöhnen. Als ich jünger war, glaubte ich, dass es außerordentlich mondän wäre, Oliven zu essen, und ich trainierte mir an, sie zu mögen. Genauso erging es mir mit schwarzem Kaffee. Als ich älter wurde, änderte sich mein Geschmacksempfinden und ich liebte den bitteren Geschmack von Oliven und Kaffee. Dabei liebte ich ihn nicht nur, ich war süchtig danach. Genauso geht es mir heute mit Campari. Für mich ist er der flüssige Inbegriff bitterer Süße oder *dolce amaro*. Und somit der perfekte Aperitif: Er passt wunderbar zu Salzigem, grünen Oliven oder einfach Chips, er schärft die Sinne und macht den Gaumen bereit für das, was noch kommen wird.

ACHT

LA CUCINA

SARDA

LA CUCINA SARDA

In der sardischen Küche findet man vieles, was es auch auf dem italienischen Festland gibt. Artischocken, Auberginen und Tomaten sind weit verbreitet; Olivenöl ist wichtig zum Kochen und zum Würzen; Wein wird großzügig verwendet. Nudeln kommen täglich auf den Tisch und fast jedes Gericht enthält Käse in irgendeiner Form. In ihrem Buch *Italian Food* schreibt Elizabeth David, dass die Hauptfehler der italienischen Küche die seien, »zu viel Käse zu verwenden und immer und überall Tomatensauce zu servieren«. Dieser Vorwurf ließe sich sicher auf Sardinien entkräften, aber ich liebe nun einmal Tomatensauce und Käse, und wenn beide von guter Qualität sind, dann, so glaube ich, kann man davon nie genug haben. David betont zudem die *Frische* des italienischen Essens. Gemüse, Früchte, Fleisch und Fisch werden morgens gekauft und sofort gekocht und gegessen. Das bedeutet auch, dass es nur wenige Reste gibt. Auch wenn sich das sehr zeitaufwendig anhört, so sind die Produkte doch sehr günstig (denn alles wird regional angebaut und muss weder weiterverarbeitet, eingefroren oder eingelegt werden) und das ist wirtschaftlich gesehen zudem sehr sinnvoll.

Das sardische Essen besteht größtenteils aus Gemüse, Getreide und Hülsenfrüchten. Käse wird in vielerlei Form angeboten, während andere Milchprodukte seltener zu finden sind: Sahne und Butter werden kaum verwendet. Je nach Geldbeutel werden Fleisch und Fisch für besondere Anlässe aufgespart (obwohl diese so häufig sind, dass es sie in Lucas Familie fast täglich gibt).

Saisonales Kochen ist nicht nur eine Lebensart der Sarden; es ist die Lebensweise schlechthin. Regional zu essen ist keine neue Erfindung, sondern die Norm. Es ist selten, dass man etwas findet, das nicht in Italien, wenn nicht sogar auf der Insel, angebaut oder produziert wurde. Abgesehen von Bananen und Brokkoli gibt es kein Obst oder Gemüse, das ganzjährig erhältlich ist.

Ich habe versucht, die Rezepte der englischen Küche anzupassen.
Die meisten Zutaten sind in allen Supermärkten zu finden und wenn nicht, dann werden sie online oder im italienischen Feinkosthandel angeboten.

ARTISCHOCKEN

Die sardischen Artischocken zählen zu den allerbesten der Welt. Vorschläge, wie man sie isst und zubereitet, finden sich auf Seite 61-64.

Fast jeder sardische Haushalt legt seine eigenen Artischocken ein. Sie werden gegart und in Öl eingelegt, um im Rest des Jahres als *antipasto* gegessen zu werden. Die Zubereitung ist arbeitsaufwendig und kann schon mal einen Tag dauern. Häufig trifft man sich mit Freunden, um das gemeinsam zu machen. Das Rezept für eingelegte Artischocken findet sich auf Seite 66.

Bei der Auswahl der Artischocken sollten Sie Exemplare mit Stielen kaufen. Diese können (wenn sie frisch sind) ebenfalls gegessen werden. Dazu werden sie bis zum weichen Kern geschält. Wählen Sie solche mit festem und geschlossenem Blütenkopf – je fester anliegend, desto besser. Das weist meist auf Zartheit und Süße ihn. Achten Sie zudem auf lange, spitz zulaufende Blütenköpfe (ein weiterer Hinweis auf Zartheit) und lassen Sie die flachen, gedrungenen liegen.

BORRETSCH

Borretsch ist ein einjähriges Kraut, das im Mittelmeerraum wild wächst. Ich entdecke meist schon im Februar die ersten Blüten am Straßenrand. Sie sind blau-violett, sternförmig und kaum zu übersehen.

Die Blüten können zum Garnieren von Suppen, Fischgerichten und Salaten sowie von Gebäck und Kuchen verwendet werden. Sie zeichnen sich durch eine milde, süße Gurkennote aus. Die haarigen und dicken Blätter können in einen hellen Ausbackteig getaucht und frittiert oder auf gleiche Weise wie Brennnesseln zubereitet werden (blanchiert und klein geschnitten als Raviolifüllung oder in einer Suppe).

Borretsch ist in der Geschichte schon immer als Arzneimittel gegessen und verwendet worden. Es wird mit Glück und dem Vertreiben von Melancholie in Verbindung gebracht. Laut Plinius dem Älteren helfe ein Borretsch-Sud, »die Traurigkeit zu vertreiben«, und bringe »Lebensfreude«, während John Gerard einen alten Vers aus *Gerard's Herball* zitiert: *»Ego borago, gaudia semper ago«* (»Ich bin Borretsch, ich bringe immer Mut«). Glücksbringer und vielleicht sogar eine frühe Form eines Antidepressivums, hat Borretsch dem begeisterten Sammler und Gärtner viel zu bieten. Die Pflanze kann erfolgreich in nordeuropäischen Gärten gepflanzt werden und zeigt im Sommer hübsche Blüten. Ich bin mit Borretsch aufgewachsen. Meine Mutter und meine Großmutter pflanzten ihn an und gaben die Blüten in *Pimm's*.

BOTTARGA

Ein geräucherter Rogen der Großkopfmeeräsche und bei Köchen als »Speck des Meeres« bekannt. Bottarga ist das köstlichste Lebensmittel, das Sie jemals kennenlernen werden. Ich beschreibe es ausführlich auf Seite 34.

FREGOLA/FREGULA

Fregola wird auf Sardinien wie Reis und weniger als Nudel gegart und zubereitet. Meist wird sie lange in Gerichten mit Fisch- und Meeresfrüchten, in Brühe und Suppen *al dente* gegart. Gelegentlich wird sie in viel Salzwasser wie Nudeln gekocht und anschließend gewürzt. Sie schmeckt gut kalt oder in Salaten. Sie wird auf Feiern und Hochzeiten serviert und harmoniert besonders gut mit Fisch und Meeresfrüchten.

KAPERN

Kapern gehören zu den Dingen, die Sie immer auf Vorrat haben sollten. Wenn Sie Kapern, Sardellen und Oliven in Gläsern im Schrank stehen haben, ist alles gut. Daraus lässt sich auf jeden Fall etwas Gutes zaubern. Mit ihrer köstlichen Würze können sie schnell zu Mayonnaise püriert, unter Salate gemischt oder mit Fleisch langsam gegart werden; meine Lieblingsmethode ist übrigens letztere. Geschmorte Wachtel mit Kapern ist einfach und köstlich zugleich (Seite 172).

KASTANIEN

Kastanien wachsen überall auf Sardinien und sind in den Wintermonaten ein Grundnahrungsmittel. In den meisten Häusern brennt der Kamin, in dem dann die Kastanien in einer speziellen Pfanne geröstet werden. Sie werden gepellt und können mit den Fingern gegessen werden. Sie sind nährstoffreich und schmecken ganz hervorragend in Suppen und Eintöpfen, können aber auch zu köstlichem gerösteten Mehl vermahlen werden.

LIMONCELLO

Limoncello als auch *Mandarinetto* sind auf Sardinien weit verbreitet. Hierzu wird Alkohol mit Zucker und Zitronen- oder Mandarinenschale aromatisiert und als beliebter Digestif gereicht. Ebenso beliebt ist die *Crema di Limone*, die genauso hergestellt, aber mit Sahne gemischt wird.

LORBEERBLÄTTER

Lorbeerblätter finden sich häufig in der sardischen Küche. Ich mag ihre tiefe, krautige Wärme und weiß es zu schätzen, dass sie häufig als letztes Gewürz hinzugefügt werden und nicht einfach nur eine Basisnote sind. In viele sardische Gerichte kommt zum Schluss eine große Handvoll frischer Lorbeerblätter, sodass eine leuchtende und grüne Note in den Vordergrund rückt.

MIRTO

Es ist kaum vorstellbar, dass Sie Sardinien verlassen, ohne dass man Ihnen einen *Mirto* angeboten hat. Die aromatische violette Beere der weit verbreiteten Wilden Myrte lässt man dafür in klarem Alkohol ziehen. Mirto hat eine unverwechselbare Kräuternote und wird nach dem Essen getrunken.

MYRTE

Die Myrte wächst wild auf ganz Sardinien. Die Blätter haben eine leichte Note von Pfeffer, Wacholder und Lorbeer und werden zum Füllen und Parfümieren von Braten oder zum Aromatisieren von Früchten verwendet. Mit den Beeren wird auch Sardiniens berühmter Likör *Mirto* aromatisiert.

Die Myrte wird traditionell mit der Venus, der »Göttin der Liebe, der Schönheit, des Vergnügens und der Fortpflanzung« assoziiert, was äußert passend erscheint, ist sie doch eines der beliebtesten Kräuter der lebenslustigen Sarden.

NUDELN

Getrocknete Nudeln werden von den meisten Sarden fast täglich gegessen. Frische Nudeln gelten als besondere Leckerbissen und werden nur selten gemacht. Franca hat einen Doppelschrank nur mit Nudeln, in allen Formen und Sorten (bei mir ist es nicht anders). Achten Sie auf Qualität – die besten Nudeln werden aus *semola di gran duro* gemacht. *De Cecco* ist eine vertrauensvolle Marke, die sich in vielen Supermärkten findet. Alles zu Nudeln finden Sie auf Seite 114.

ORANGEN

Orangen werden in Italien seit dem 10. Jahrhundert angebaut. Ursprünglich dienten sie als Aromengeber und Parfüm und wurden nicht gegessen. In der italienischen Geschichte wurden sie zum starken Symbol des Reichtums und der Opulenz, sodass die Medici sie in ihr Wappen aufnahmen. Orangen stehen noch immer für eine köstliche Exotik und bieten selbst in den dunkelsten Wintermonaten ein Feuerwerk an Farbe und Säure. Ich bin mir nicht sicher, ob ich jemals genug davon bekommen kann, meine eigenen Orangen vom Baum zu pflücken.
In Sardinien bekommt man sie nur zur Erntezeit, alle Orangen wachsen vor Ort.
Es gibt Hunderte von Sorten. Im Winter versuche ich, sie in fast allen süßen oder herzhaften Gerichten unterzubringen.

PANCETTA UND GUANCIALE

Pancetta ist ein italienischer Speck vom Schweinebauch. Er wird mit Gewürzen und Salz geräuchert. Guanciale ist ähnlich, wird aber aus der Schweinebacke hergestellt. Deshalb hat er ein stärkeres Wildaroma und mehr Fett. Beide werden auf Sardinien häufig für Suppen oder Eintöpfe verwendet und bringen Geschmack und fleischige Tiefe in ein Gericht. Wenn Sie beides nicht finden können, dann nehmen Sie einfach einen durchwachsenen Speck.

PANE CARASAU

Pane carasau oder *carta di musica* (Notenpapierbrot) ist eines der ältesten und allgegenwärtigen Brote auf Sardinien. Der Teig besteht aus Hartweizengrieß, Salz und Wasser, er wird zu dünnen Platten ausgerollt und dann über dem Holzfeuer gebacken, bis er aufgeht. Das Brot wird mit der Hand in zwei noch dünnere Platten geschnitten und ein zweites Mal gebacken, bis es vollständig knusprig ist. Man kann nicht genug davon bekommen. Es war ursprünglich dazu gedacht, mehrere Monate haltbar zu bleiben, da es die sardischen Schäfer für unterwegs einpackten. Das Brot wird noch immer von einigen Frauen in ländlichen Regionen mit der Hand zubereitet.

PETERSILIE

Es gibt verschiedene Theorien dazu, dass Petersilie ursprünglich aus Sardinien stammt, und egal, ob das stimmt oder nicht, so gehört sie doch unbestritten zur Küche der Insel.

Glatte Petersilie wird hier angebaut und für fast jedes Gericht verwendet. Sie wird oft direkt mitgegart und nicht nur zum Schluss als Garnitur genutzt. Gehackte Petersilie wird oft dem *soffritto* zugefügt, als Grundaroma für eine Sauce oder einen Eintopf. Ich hatte das vorher noch nie kennengelernt, aber es ist sehr wirkungsvoll. Auf diese Weise gegart, sorgt sie für eine erdige Note, ähnlich dem Sellerie (mit dem sie verwandt ist).

POLENTA

Polenta ist in meinem Haushalt ein Grundnahrungsmittel. Es gibt verschiedene Sorten – die langsam und die schnell kochende. Ich mag beide. Es ist äußerst nützlich, immer eine Packung Polenta im Vorrat zu haben.

PORTULAK

Portulak ist eine krautige, sukkulente Pflanze, die bereits seit Jahrhunderten gegessen wird. Die Sorte, die ich auf Sardinien am häufigsten finde, hat einen dicken purpurfarbenen Stiel und kleine herzförmige Blätter. Diese sind saftig und mild im Geschmack und köstlich in allen Salaten.

REIS

Giuseppe, Lucas Vater, baut auf dem Hof der Familie drei verschiedene Reissorten an: einen roten Wildreis, auch Achilles genannt, einen schwarzen Wildreis (ursprünglich aus Asien), bekannt auch als Venere-Reis (Venus-Reis), und einen weißen Reis, ähnlich dem Carnaroli. Diese Wildsorten haben eine längere Garzeit, mehr Biss und ein wunderbares Aroma.

SAFRAN

Safran ist eine der typischen Aromen der sardischen Küche und wächst rund um die Stadt Turri. In Sardinien wird heute 60 Prozent des italienischen Safrans angebaut. Ebenfalls ein Erbe der Phönizier, wird er sowohl für süße als auch für herzhafte Gerichte verwendet.

Der Anbau ist aufwendig (aus jeder Krokusblüte können nur drei Narben gewonnen werden), und deshalb ist das Gewürz relativ teuer. Der Sage nach war Safran früher so weit verbreitet, dass er selbst den Malloreddus seine gelbe Farbe gab, da er billiger als Eier war (siehe Seite 122).

Der Geschmack des Safrans ist sehr eigen. Er ist sehr intensiv und sollte nur in kleinen Mengen verwendet werden, da sein Aroma sonst zu dominant wird. Er hat einen heuartigen Duft und eine leichte Honigsüße. Sein exotisches Aroma passt gut zu gehaltvollen Gerichten: mit Ricotta im Kuchen, in Cremes und Pannacottas und besonders zu Käse- und Tomatengerichten. Safran wird als Fäden oder Pulver angeboten. Kaufen Sie Fäden, wenn Sie diese finden können.

SALZ

Sardinien produziert sein eigenes Meersalz, das meist fein gemahlen und etwas feucht ist. Ich benutze es für alle Gerichte. Jedes Meersalz ist gut geeignet. Denken Sie daran, dass sardisches Essen sehr stark gewürzt wird. Die Leute essen viel Salz und werden trotzdem alt. Also haben Sie keine Angst davor.

SAUERAMPFER

Das Saure steht schon in seinem Namen. Der Sauerampfer wird von Köchen weltweit für seinen klaren, zitronigen Geschmack geschätzt, der sich wunderbar in Salaten, in Fischgerichten und in Desserts zeigt. Er ist von leuchtend grüner Farbe und hat pfeilförmige Blätter, die nach Zitrone duften. Er wächst auf Sardinien ganzjährig und ich verwende ihn gern in Rezepten.

THUNFISCH (AUS DER DOSE)

Auf Sardinien ist es üblich, frischen Thunfisch zu kaufen und ihn in Olivenöl einzulegen. In Italien ist Thunfisch in der Dose meist von guter Qualität und in der Küche sehr geschätzt. Kaufen Sie möglichst den besten, den Sie finden können.

WILDER SPARGEL

Schlanker und violetter als der kultivierte Cousin, zeigt sich Wilder Spargel zu Beginn des Frühjahrs. Er hat einen stärkeren, intensiveren Geschmack, ist aber auch holziger und fester in der Textur. Er muss also lange und bei geringen Temperaturen gegart werden, damit er seinen Geschmack entfaltet und weich wird.

WILDFENCHEL

Er wächst überall in Europa in freier Natur und mit dem beginnenden Frühjahr entdeckt man ihn leicht. Er wächst in langen, feinen Wedeln zwischen Unkräutern in Hecken. Wenn er gepflückt wird, riecht man seinen unverwechselbaren Anisduft und kann so sicher sein, dass es sich wirklich um Wildfenchel handelt. Er sollte nicht mit Ferula (Riesenfenchel) verwechselt werden (mir ist das passiert), da dieser giftig ist. Er ist größer, luftiger und riecht nicht. Wildfenchel ist eine köstliche Ergänzung zu zahlreichen sardischen Gerichten. Wenn Sie keinen finden, dann nehmen Sie das Grün von Fenchelknollen oder Fenchelsamen.

ZUCKER

Weißer einfacher Zucker begegnet auf Sardinien nicht diesem Stigma, das er in England erfährt. Die meisten Sarden geben mindestens zwei gehäufte Löffel Zucker in ihren Morgenkaffee. Dunkler bzw. brauner Zucker wird selten verwendet, obwohl ich ihn gern zum Backen nutze.

DIES UND DAS

Die sardische Küche ist im Prinzip eine sehr einfache, arme Küche. Es wird kaum etwas weggeworfen, ob vom Tier oder vom Gemüse. Denken Sie doch nur einmal an den Kleinkram, den Sie in der Küche wegwerfen, übersehen oder vollkommen vergessen.

FETT/SCHWEINEHAUT

Wenn Sie ein Schweinekotelett, eine Schweinelende oder ein anderes Stück zuschneiden, dann sollten Sie Fett und abgeschnittene Teile aufbewahren, und zwar im Kühlschrank oder im Tiefkühlfach. Wenn Sie Zwiebeln für ein Schmorgericht mit Hülsenfrüchten andünsten, dann gibt dieses Fett dem fertigen Gericht zusätzlich Aroma und Gehalt.

KNOCHEN

Sie können von allen Tieren stammen. Daraus kann eine Grundbrühe, *brodo*, gekocht werden.

PARMESAN- UND PECORINORINDE

Bitte werfen Sie keine Käserinde weg. Sie steckt voll köstlicher Käsearomen. Geben Sie sie in köchelnde Suppen, Eintöpfe, Gerichte mit Hülsenfrüchten und Saucen. Fischen Sie sie kurz vor dem Servieren wieder heraus. Ich esse sie dann immer.

GARNELENSCHALEN UND MUSCHELN

Wenn Sie das Glück haben, ganze Garnelen mit Schale und Kopf zu finden, dann sollten Sie diese für eine wohlschmeckende süße Brühe verwenden. Damit können Sie später Saucen und Risottos aromatisieren.

»Hier ein Rezept, dort eine Zutat – Kochen ist wahrlich wie Horten und Sammeln.«

Oben: Nonna Giulia

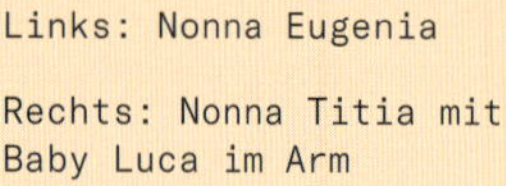

Links: Nonna Eugenia

Rechts: Nonna Titia mit Baby Luca im Arm

DANK

Es ist vielleicht bezeichnend, dass ich meine Dankesworte schon geschrieben hatte, bevor ich mit dem Buch überhaupt anfing.

»Nur jemand wie du, Letiiiizia, würde ein Buch von hinten nach vorne schreiben«, sagte Luca.

Niemand kann ein Rezept »besitzen«, aber wenn sich jemand die Zeit nimmt und dir erklärt, wie etwas geht, dann ist das wahre Großzügigkeit und dieses Buch hat der Güte anderer viel zu verdanken.

Ich möchte vielen Menschen für so vieles danken:

Vor allem Giuseppe und Francesca Vacca. Das Buch hätte es nie gegeben, wenn ihr mir nicht eure Geschichten, euer Essen und eure Zeit geschenkt hättet.

Luca, für seine brutal offene Kritik und fortwährende Ermutigung, ohne die ich wohl nie in die Gänge gekommen wäre.

Gianni Sabatini, Zio Cicco, Maura Falchi, Matteo und Pietro Lichieri und vielen Freunden in Oristano, die mich mit Rat und Rezepten unterstützt haben.

Librid Oristano, für das kostenlose WIFI und die köstliche Fregola.

Dem HH English Language Centre, das mir ermöglichte, meine Stunden so flexibel wie möglich einzuteilen, lange Zeit unterzutauchen, und das mich doch weiter beschäftigte.

Gabriele Sanna, für ihre Übersetzungshilfe, für ihren Espresso, für ihr Katzen-Sitting und für die sardischen Geschichten und den erstickten Blumenkohl.

Meiner Familie: Meinen Brüdern und meinen Eltern, die immer da sind, um die Scherben wieder zusammenzukehren.

Emily Dobbs, die mich seit unserem ersten Treffen beim Salat im Spring immer ermutigte und unterstützte.

Rose Ashby, Freundin und tolerante Chefköchin, für ihre Ehrlichkeit und Freundschaft.

Allen Köchen und Köchinnen, mit denen oder für die ich je gekocht habe, die mein Durcheinander, meine Ungeduld und meine Unfähigkeit, auf ihre Regeln zu hören (oder sie zu befolgen), toleriert haben.

Stefano Vallebona, für den sardischen Humor und die unglaubliche Salami.

Domu Antiga und Familie Lai, für ihre Großzügigkeit und ihre Weisheit und dafür, dass sie es mir ermöglichten, ihr wunderbares Lokal zu nutzen und ihr köstliches Essen zu genießen.

Kajal Mistry, die die positivste Lektorin ist, die man sich wünschen kann.

Eve Marleau, für ihre Bestätigung und ihre Redaktionskompetenz.

Anne Kibel, meiner Agentin, die das Risiko einging.

Meiner Großmutter, die mich überhaupt erst lehrte, Essen zu lieben, und der ich gewünscht hätte, dieses Buch noch sehen zu können.

Nonna Giulia, die couragierteste Nonna im Ort.

Vicky Green, für die Arbeit beim Lektorieren und die höchstgeschätzten Besuche.

Harriet Piercy, für die Grammatikkorrekturen und die Hilfe.

Matt Russell, für seine wundervollen Fotografien und dafür, ein »Meister des Lichts« zu sein.

Tamara Vos, für ihr großartiges Styling und Louie Waller, für ihre fantastischen Requisiten.

Olivia Williamson, für die Assistenz und die großartigen Fotos.

Evi-O Studio, für die phänomenale Grafik und die tollen Illustrationen.

Und alle, die auf irgendeine Art und Weise ihren Anteil an diesem Buch hatten.

Grazie!

Links: Giuseppe (links) und sein Bruder Paolo

Rechts: Franca (Lucas Mutter)

ÜBER DIE AUTORIN

Letitia Clark ist Kochbuchautorin, Illustratorin und Köchin. Geboren in Devon, schloss sie ein Masterstudium in Englischer Literatur ab, bevor sie sich entschied, sich ihrer zweiten Leidenschaft, dem Essen, zu widmen und eine Ausbildung zur Köchin zu beginnen. Sie schloss die berühmte Leith-Kochschule mit einem Diplom in »Food and Wine« ab und arbeitete anschließend in einigen Londoner Top-Restaurants, u. a. im *Spring*, im *Morito* und im *The Dock Kitchen*. 2017 zog sie von East London nach Sardinien und begann, über Essen zu schreiben. Daneben malt und illustriert sie.

letitiaclark.co.uk

REGISTER

B

F

H

L

M

N

T

V

Z

IMPRESSUM

Hinweise

Löffelmaßangaben: Falls nicht anders angeführt, sind stets gestrichene Löffel gemeint. EL und TL sind Abkürzungen für Esslöffel und Teelöffel.

Zitrusfrüchte: Bei der Verwendung ihrer Schalen auf Bio-Früchte zurückgreifen und diese zuvor heiß waschen. Zitrussaft sollte immer frisch gepresst sein.

Hygiene: Achten Sie bei der Zubereitung von rohem Fleisch auf peinliche Hygiene. Waschen Sie benutzte Schneidebretter, Messer, Arbeitsflächen und Ihre Hände nach Gebrauch sorgfältig heiß ab. Fleisch und Gemüse nie auf demselben Schneidebrett verarbeiten.

Fleisch sollte vor der Zubereitung immer trocken getupft werden.

Obst und Gemüse vor der Verarbeitung immer waschen, putzen oder bei Bedarf schälen.

Das englische Original mit dem Titel »Bitter Honey« erschien 2020 bei Hardie Grant Books, ein Imprint von Hardie Grant Publishing

Hardie Grant Books (London)
5th & 6th Floors
52-54 Southwark Street
London, SE1 1UN
hardiegrantbooks.com

Verlegerin: Kate Pollard
Redaktionsleiterin: Kajal Mistry
Cheflektorin: Eve Marleau
Grafik: Evi-O.Studio | Susan Le
Grafik-Assistenz: Evi-O.Studio | Karina Camenzind
Fotografie: Matt Russell, Maria Bell
Foto-Assistenz: Matthew Hague
Food-Styling: Tamara Vos
Food-Styling-Assistenz: Olivia Williamson
Requisiten-Styling: Louie Waller
Lektorin: Eve Marleau
Korrektorin: Taahir Husain
Register: Vanessa Bird
Farb-Reproduktion von p2d

Printed in China

Deutsche Erstausgabe
3. Auflage 2023

Übersetzung: Birgit van der Avoort
Lektorat: Denise Maurer

ISBN 978-3-7472-0205-0

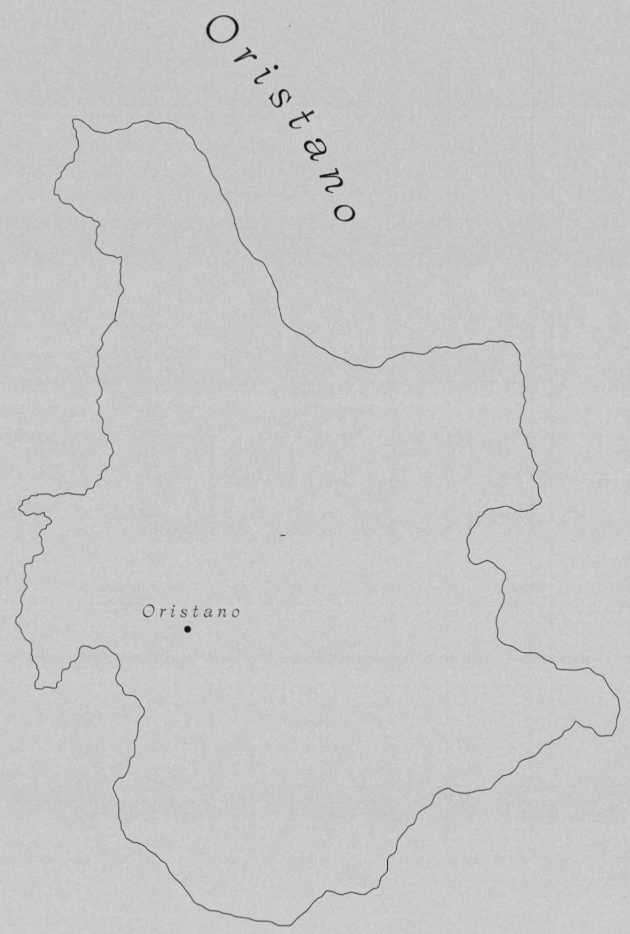
Oristano
Oristano